Bernadette Kowolik

Muss ich auch mal sterben?

Mit Kita-Kindern über Tod und Trauer reden

Hilfen für den Akutfall und Praxisideen für den Alltag

Verlag an der Ruhr

Impressum

Titel
Muss ich auch mal sterben? – Mit Kita-Kindern über Tod und Trauer reden
Hilfen für den Akutfall und Praxisideen für den Alltag

Autorin
Bernadette Kowolik

Umschlagmotive
Foto Titel: Bernadette Kowolik; Pusteblume: © by silvionka – shutterstock.com

Illustrationen Innenteil
Wenn nicht anders angegeben: Verlag an der Ruhr; Pusteblume: © by silvionka – shutterstock.com

Fotos Innenteil
Wenn nicht anders angegeben: Bernadette Kowolik

Druck
AZ Druck und Datentechnik GmbH, Kempten, DE

Verlag an der Ruhr
Mülheim an der Ruhr
www.verlagruhr.de

ISBN 978-3-8346-4094-9

Inhaltsverzeichnis

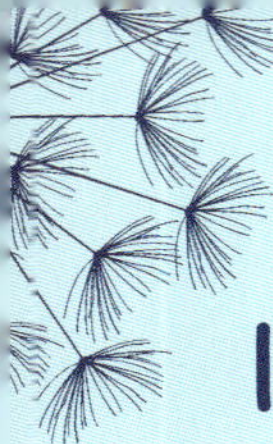

Inhaltsverzeichnis

Vorwort

Als ich Freund*innen[1], Kolleg*innen und Familie davon erzählt habe, dass ich ein Buch über Trauerarbeit mit Kindern schreibe, bekam ich immer wieder eine ähnliche Reaktion: „Oh, das ist aber schwierig“. Die Reaktionen zeugten von Respekt einerseits und einer gewissen Ängstlichkeit andererseits.

In unserer Gesellschaft ist die Scheu vor dem Tod sehr groß und umso mehr schrecken Erwachsene davor zurück, mit Kindern darüber zu reden. Dabei gehen Kinder häufig noch unbefangen mit dem Tod um. Gerade in jungem Alter ist es möglich, einen **gesunden Umgang mit Trauer** für den Rest des Lebens zu lernen, was ein wertvoller Schatz ist. Ich hoffe, dass ich mit diesem Buch dazu beitragen kann, dass diese Scheu weniger wird, und sich gerade auch Erzieher*innen darauf einlassen, sich gemeinsam mit Kindern auf die **spannende Entdeckungsreise zum Thema Tod** zu begeben. Die Themen Tod, Trauer und Sterben in den Alltag mit einzubeziehen, ist ein wichtiger Teil des Lebens!

Oft haben wir Erwachsenen das Gefühl, die Kinder beschützen zu müssen, aber bei einem Trauerfall kommen wir an unsere Grenzen. Wir können sie nicht vor der Trauer, dem Verlust und den damit verbundenen Emotionen bewahren.

Wir haben das Gefühl, dass die Themen Trauer und Tod nicht in unseren geregelten Alltag passen. Es ist unser Bestreben, die wenige gemeinsame Zeit mit positiven Erlebnissen auszufüllen. Dennoch ist Trauer allgegenwärtig und gehört zum Leben dazu. Hierzu gehören auch Erfahrungen wie **Abschied, Umzug und andere einschneidende Erlebnisse**. Neben persönlichen Erlebnissen erreicht das Thema Tod unsere Kinder auch durch Nachrichten über Katastrophen, **Unfälle und Krieg**.

Aufgrund dieser gesellschaftlichen Struktur, in der wir den Tod ausgrenzen und möglichst nicht über ihn nachdenken, bedeutet ein Todesfall in unserem Umfeld häufig eine **doppelte Belastung**. Wir haben nicht gelernt, damit umzugehen. Wir haben das Gefühl, Kinder vor Trauer beschützen und Tod von ihnen fernhalten zu müssen – mit dem Ergebnis, dass sie völlig unvorbereitet getroffen werden, wenn es doch zu einem Todesfall in ihrer Familie kommt. **Natürlich bleibt ein Todesfall immer ein einschneidendes Erlebnis**, aber wir können Kindern grundlegend helfen, die Fähigkeiten zu entwickeln, die sie brauchen, um mit Trauersituationen umzugehen.

Der theoretische Teil in diesem Buch soll Ihnen das Thema näherbringen. Sie erfahren, wie wichtig Sie als Erzieher*in, als Eltern und Angehörige für die Trauer bei Kindern sind, wie Sie die Kinder begleiten und unterstützen können. Des Weiteren können Sie nachlesen, wie sich das Verständnis von Trauer entwickelt und wie individuell Trauer ist.

All diese Informationen bieten Ihnen eine gute Grundlage für Ihre pädagogische Arbeit.

Im zweiten Teil des Buches finden Sie viele **Tipps und Ideen für die Praxis** in der Arbeit mit Kindern.

Die Gliederung des zweiten Teils soll Ihnen ermöglichen, in akuten Trauersituationen konkrete Tipps zu erhalten. So können Sie bei einem Trauerfall schnell nachschlagen und Hilfen und Anleitungen für das weitere Vorgehen finden.

---

[1] Der Verlag an der Ruhr legt großen Wert auf eine geschlechtergerechte und inklusive Sprache. Daher nutzen wir bevorzugt das Gendersternchen, um sowohl männliche und weibliche als auch nichtbinäre Geschlechtsidentitäten einzuschließen. Alternativ verwenden wir neutrale Formulierungen.

Vorwort

Der **dritte Teil des Buches** beschäftigt sich mit **Projekten und Angeboten**. Es ist eine sehr lohnende und spannende Erfahrung, sich außerhalb des Akutfalls mit den Kindern mit diesem Thema auseinanderzusetzen. Neben **einem ausgearbeiteten Projekt zum Umgang mit dem Tod in unterschiedlichen Kulturen** finden Sie **Anregungen, konkrete Anleitungen, Ideen und Tipps**, die es Ihnen ermöglichen, Ihr eigenes Projekt zum Thema Trauer und Tod in der Kita zusammenzustellen und durchzuführen.

Sie finden auch **Medientipps, Liedvorschläge und vieles mehr**. All diese Anregungen sollen Ihnen helfen, diesen Themenbereich auf einfache Weise in den Alltag einzubauen.

So erfahren die Kinder das Thema in alltäglichen Situationen, können Fragen stellen und erste Erfahrungen im Umgang mit Abschied, Trauer und Verlust sammeln.

Ich hoffe, dass das Buch für Sie ein Begleiter ist und Ihnen auch in einer schweren Zeit eine Hilfestellung bietet.

Teil I

Hintergründe

Die Rolle der pädagogischen Fachkraft

Die Rolle der pädagogischen Fachkraft ist bei einem Trauerfall, der die Kita oder ein Kita-Kind betrifft, von sehr großer Bedeutung. Daheim gerät alles aus dem Gleichgewicht. Es herrscht viel Traurigkeit und der normale Alltag findet nicht statt. Abläufe und Menschen ändern sich, gewohnte Rituale fehlen, die Stimmung zu Hause verändert sich. Ein Kind ist daheim verunsichert, reagiert mit Tränen und Wut, weil es die*den Verstorbene*n so stark vermisst und die Veränderungen nicht wahrhaben will.

Aus diesem Grund **sollte die Kita vor allem Stabilität und Normalität bieten**. Eine Insel des Vertrauens, wo das Kind Beistand, aber auch Alltag erfährt. Dies ist ein Drahtseilakt, der nicht leicht zu bewältigen ist. Als Erzieher*innen wollen wir den Kindern eine schöne unbeschwerte Kita-Zeit ermöglichen, sie zum Lachen bringen und ihnen Schutz bieten, aber wenn ein Trauerfall eintritt, kommen auch wir an unsere Grenzen.

Gerade bei Trauer spielen **die eigene Betroffenheit sowie die eigenen Gefühle und Erlebnisse** eine wichtige Rolle. Trauen Sie sich und setzen Sie sich mit diesem wichtigen Thema auseinander. Stellen Sie sich Fragen wie:

- Wie war für mich als Kind die Erfahrung mit dem Tod?
- Wie habe ich die Trauerzeit erlebt?
- Gab es Rituale, an die ich mich erinnere? Wenn ja, welche?
- Wie habe ich die Gefühle der betroffenen Mitmenschen erlebt?
- Wie wurde zu meiner Kita- und Schulzeit pädagogisch damit umgegangen?

Sich eigener Erfahrungen und Erlebnisse aus der Kindheit bewusst zu werden, hilft Ihnen, die Trauer der Kinder besser zu verstehen und sich mehr darauf einzulassen. Nehmen Sie sich hierfür Zeit.

Als nächsten Schritt sollten Sie sich gut auf den Umgang mit Eltern und Kindern vorbereiten, um auch kompetent auf Fragen und Bedenken reagieren zu können. Von Ihnen wird ein **hohes Maß an Empathie** erwartet. Seien Sie immer offen, ehrlich und einfühlsam. Nehmen Sie sich Zeit und Ruhe für Gespräche und hören Sie zu. Das ist oft das Wichtigste! Einfach zuhören – ohne Wertung oder das Schildern eigener Erlebnisse.

Bei Gesprächen mit den Kindern können Sie Impulse geben. Sie sollten aber den Kindern **nicht Ihre Meinung aufzwängen** oder Antworten und Sichtweisen vorwegnehmen. Lassen Sie das Kind reden; reagieren Sie mit Gegenfragen. Werden Sie zum Beispiel gefragt: „Wo ist Oma jetzt?“, fragen Sie zurück: „Was glaubst du, wo deine Oma jetzt sein könnte?“

Fragt das Kind direkt nach Ihrer Sichtweise oder Ihrem Glauben, dann antworten Sie und erklären Ihre Ansichten. Das Thema Tod besteht nicht nur aus wissenschaftlich begründeten Antworten, sondern auch aus **persönlichen Sichtweisen und Sinngebungen des eigenen Lebens**. Sie überfordern Kinder nicht, indem Sie ihnen verschiedene Ansichten erklären. Dies eröffnet dem Kind eher die Vielfältigkeit des Glaubens und des Lebens.

Das Kind im Blick zu haben, ist bei der gesamten pädagogischen Arbeit sehr wichtig. Gerade wenn ein Kind Trauer erlebt, sollten Sie es intensiv beobachten. Nur so können Sie seine Bedürfnisse richtig wahrnehmen und auch bei Bedarf gezielte Elterngespräche führen.

Besonders wichtig: Manchmal reagieren Kinder nicht offensichtlich traurig, sondern ungewöhnlich ruhig, zurückgezogen, aggressiv oder durch andere extreme Verhaltensweisen. Reagieren Sie darauf! Suchen Sie das Gespräch mit Kolleg*innen und den Eltern.

Und nicht zuletzt: Achten Sie auch auf **Ihre eigenen Grenzen**. Erkennen Sie diese, gestehen Sie sich diese ein und versuchen Sie, fachliche Hilfe zu holen, wenn es nötig und möglich ist.

Die Rolle unserer Sprache

Um Trost zu spenden, müssen Sie für das trauernde Kind da sein – sichtbar und immer ansprechbar. Sie müssen ihm und seiner Trauer mit Ernsthaftigkeit begegnen. Dies geschieht natürlich durch körperliche Nähe, aber auch in großem Maße über Sprache. Die Sprache ist ein sehr wichtiges Element und wir sollten häufiger auf unsere Formulierungen und Aussagen achten.

Wir können die Kinder bereits **im Alltag** und ohne konkreten Trauerfall darin unterstützen, gut mit „schweren" Gefühlen umzugehen und diese zu akzeptieren – egal ob mit Traurigkeit, Wut oder Enttäuschung.

Zum Beispiel achte ich bei der Arbeit darauf, bei einem Kind, welches Schmerz durch einen Sturz oder Ähnliches erfuhr, diesen Schmerz verbal ernst zu nehmen. So sage ich nicht: „Das ist doch nicht so schlimm!", wische den Schmutz vom Knie und fordere es zum Weiterspielen auf. Eher formuliere ich: „Komm, wir setzen uns. Dann kann ich mir dein Knie anschauen. Der Sturz hat sicher wehgetan."
Ich nehme mir Zeit für das Kind, seine Gefühle und seine Tränen. Den Kindern hilft das, auch später vertrauensvoll ihre Gefühle zu äußern und sich anderen Menschen anzuvertrauen.

Als Erzieher*innen können wir den Kindern auch helfen, indem wir ihnen Wörter sowie **Beschreibungen für Gefühle** im Alltag näherbringen. In der Regel nutzen wir mehr Adjektive, die positiv besetzt sind, zum Beispiel: gut, blendend, fröhlich, zufrieden, glücklich. Fragt uns jemand, wie es uns geht, antworten die meisten mit „Gut!". Erwiderungen wie „traurig", „einsam", „hilflos", „schlecht" etc. fallen selten und so ist der Wortschatz hier nicht sehr groß. Anstatt ein negatives Gefühl zu benennen, antworten Kinder bei der Frage, wie es ihnen geht, häufig mit Erlebnissen und Tatsachen.

Zum Beispiel habe ich Lisa (4 Jahre) gefragt, wie es ihr geht, da sie augenscheinlich bedrückt aussah. Ihre Antwort war: „Ich habe mein Kuscheltier vergessen!". Solche Situationen können wir gut aufgreifen und den Kindern helfen, Worte für ihre Gefühle zu finden. Zum Beispiel: „Ich kann verstehen, dass du traurig bist und dein Kuscheltier vermisst. Wollen wir einmal schauen, ob wir ein anderes Kuscheltier für den Mittagsschlaf finden?" Wenn wir uns dies angewöhnen, helfen wir den Kindern auch bei negativen Erlebnissen, leichter Worte zu finden, um ihre Empfindungen zu äußern.

Auch bei einem konkreten Trauerfall spielt die Wortwahl eine wichtige Rolle: Oft nutzen wir Floskeln oder versuchen, Erklärungen kindgerecht zu gestalten. Dies kann aber zu Missverständnissen oder Ängsten führen. Lesen Sie dazu die Beispiele auf der nächsten Seite.

Sterben und Tod - Hintergründe

„Sophie ist eingeschlafen."

Hier kann das Kind Angst vor dem Schlafen entwickeln („Wache ich auch nicht mehr auf – so wie Sophie?"). Oder es versteht schlicht nicht, warum Sophie nicht einfach geweckt wird. Erklären Sie lieber, dass Sophie nachts friedlich ohne Schmerzen gestorben ist.

„Opa ist im Krankenhaus gestorben."

Durch diese Erklärung kann das Kind Angst vor dem Krankenhaus entwickeln und befürchtet vielleicht, dass jeder, der ins Krankenhaus kommt, nicht wiederkommt. Erläutern Sie besser, warum Opa gestorben ist.

„Tante Anne ist fortgegangen."

Das Kind würde sich womöglich fragen, warum sie das getan hat. Warum kommt sie nicht wieder? Besser ist es, dem Kind die Todesursache ehrlich und behutsam zu erklären, zum Beispiel: „Tante Anne hatte eine sehr schwere Krankheit und ist an dieser gestorben." oder „Tante Anne hatte einen schweren Unfall und ist leider verstorben."

„Opa hat uns verlassen."

Diese Aussage ist nicht erklärend und wirft viele Fragen auf. Warum hat Opa uns verlassen? War ich böse? Kommt er wieder? Auch hier sollten Sie lieber sagen: „Opa war sehr krank und ist gestorben." Bleiben Sie ehrlich und transparent, das gibt den Kindern Sicherheit.

Die Rolle des Teams

Ein Trauerfall in einer Familie der Kita oder sogar eines Kita-Kindes betrifft immer das ganze Team. Gerade bei solch einem emotional tragenden Fall sollte das Team eng zusammenarbeiten und sich absprechen.

Es ist immer ratsam, **sich mit diesem Thema regelmäßig zu befassen**. Dann sind das Team und jede*r Erzieher*in persönlich bei einem konkreten Trauerfall vorbereitet. Ich habe es schon erlebt, dass man als Team unvorbereitet mit einer großen Unsicherheit, einer Art Ohnmacht, reagiert und dies zu einer Überforderung für alle wird. Diese Unsicherheit wird trotz sehr guter Vorbereitung nicht ganz verschwinden, da jeder Verlust, jede Trauerbegleitung eine große emotionale Herausforderung darstellt. Aber eine Beschäftigung mit dem Thema im Team wird Ihnen helfen und mehr Sicherheit im Umgang mit einem konkreten Trauerfall geben.

Jede*r im Team sollte über seine*ihre **eigenen Erfahrungen** mit dem Thema Tod und Trauer nachdenken und es sollte auch über Praxiserfahrungen gesprochen werden. Hat schon ein*e Erzieher*in einen Trauerfall in der Kita erlebt? Kennt jemand hilfreiche Materialien?

Überlegen Sie gemeinsam, ob Sie eine Fachkraft für Trauerbegleitung von außen zu einer Dienstbesprechung einladen wollen. Dieser können Sie konkrete Fragen stellen, Praxisbeispiele und Bedenken bezüglich des Themas besprechen.

Als nächsten Schritt kann das Team auch überlegen, ob es das Thema Trauer als **Projekt** oder in Form von kleinen Angeboten in den Kita-Alltag einfließen lassen will. Ich würde mich freuen, wenn Sie sich dazu entschließen!

Es gibt viele unterschiedliche Projektideen und auch Anlässe, um das Thema Trauer und Sterben in den Kita-Alltag zu integrieren. Im dritten Teil (ab S. 51) dieses Buches finden Sie hierfür auch konkrete Ideen und Konzepte. Vielleicht werden Sie überrascht sein, wie oft uns das Thema Sterben und Tod im Alltag begegnet, ohne dass wir es bewusst wahrnehmen. Diese Situationen sind Gelegenheiten, um das Thema gezielt aufzugreifen und zu bearbeiten.

Beim Planen von Projekten zu diesem Thema war ich selbst immer wieder überrascht, wie bunt und vielfältig die Angebote gestaltet werden können. Aus diesen Gründen kann ich Ihnen und Ihrem Team nur empfehlen, sich auf das Thema einzulassen und sich für ein Projekt zu entscheiden.

Scheuen Sie auch nicht die anfängliche Skepsis der Eltern. Ich habe die Erfahrung gemacht, dass auch diese positiv überrascht sind und es ihnen hilft, das Thema nicht zu tabuisieren, sondern es mit den Kindern auf natürliche Weise zu besprechen.

PRAXISTIPP:

*Gestalten Sie im Team einen Tag, an dem Sie über Trauer und Tod sprechen. Eventuell lohnt es sich, sich dabei begleiten zu lassen. Dies schweißt nicht nur das Team zusammen, sondern sorgt auch bei allen Mitarbeiter*innen für mehr Bewusstheit bezüglich der eigenen Erfahrungen und stärkt sie für den Umgang mit dem Thema.*

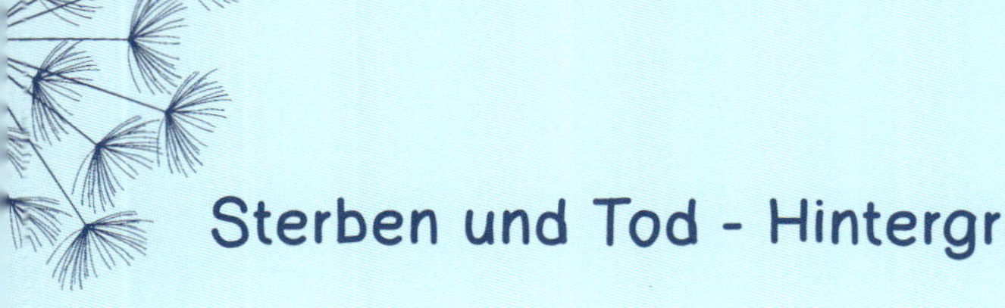

Religiöse Sichtweisen

Wenn es um den Tod geht, gibt es viele unterschiedliche Sichtweisen.

Das Wissen über die biologische Erklärbarkeit des Todes haben wir alle. Dieses kann den Kindern auch nahegebracht und erklärt werden. Kinder interessieren unser Körper und dessen Funktionen sehr. Über den Tod hinaus gibt es aber die unterschiedlichsten Glaubensansätze.

Die Frage „Was passiert nach dem Tod?" beschäftigt uns alle und auch die Kinder stellen diese Frage irgendwann. Ratsam ist es hier, einfach zurückzufragen: „Was glaubst du?", „Was stellst du dir vor?". Dadurch können die wundervollsten und auch schon sehr philosophisch geprägten Gespräche entstehen. Lassen Sie sich ruhig darauf ein. Wenn es die Stimmung erlaubt, können Sie auch noch andere Kinder zu dem Gespräch einladen.

Wenn Sie von den Kindern nach Ihrer Sicht bzw. Ihrem Glauben bezüglich eines Lebens nach dem Tod gefragt werden, dürfen und sollten Sie dies ehrlich beantworten. Berichten Sie von Ihrer Vorstellung, von Ihren Zweifeln und Ihrer Hoffnung. Oftmals haben Erwachsene Angst, die Kinder zu beeinflussen oder zu verwirren. Dabei kann die kulturelle und religiöse Vielfalt, wenn sie positiv gelebt wird, eine Bereicherung sein.

Weltliche Sicht auf ein nicht vorhandenes Leben nach dem Tod

Ende. Aus. In dem Moment, in dem das Herz aufhört, zu schlagen, beginnt der Verfall des menschlichen Körpers. 30 Sekunden später fängt das Gehirn an, seine Funktionen einzustellen. Wenn alle Körperteile „aus" sind, sind wir tot. Jede Religion und jeder religiös untermauerte Glaube nimmt an, dass es ein Leben – in unterschiedlichster Form – nach unserem Leben auf der Erde gibt. Entfällt der religiöse Faktor, endet das weltliche Leben mit dem Aussetzen des menschlichen Körpers. Eine Perspektive, die mit Angst erfüllen kann, die zwar wissenschaftlich nachweisbar ist, aber trotzdem selten wahrgenommen werden will. Sie lässt eher wenig Spielraum für die pädagogische Arbeit mit durch den Tod betroffenen Kindern.

Christliche Sichtweise auf ein Leben nach dem Tod

Für Christ*innen ist der Tod der Anfang des ewigen Lebens; unsere Seele wird nach dem Tod aufsteigen und wir werden frei von Sorgen weiter existieren.

Aus der christlichen Sichtweise haben sich viele Geschichten entwickelt, die Eltern ihren Kindern erzählen. So sagen viele Kinder: „Opa ist jetzt im Himmel, das weiß ich", oder wollen für diese Erklärung gern auch Bestätigung hören: „Oma ist jetzt ein Engel, gell?" Sie können den Kindern diese Überzeugung lassen, ohne andere Sichtweisen zu leugnen. Kinder können damit umgehen, wenn sie merken, dass Menschen Unterschiedliches glauben.

Gerade die Erklärung mit dem Himmel erfordert auch, dass darüber gesprochen wird, da die Kinder sonst häufig den christlichen Himmel mit dem physischen Himmel gleichsetzen. So hielt Casper (3), als er das erste Mal in einem Flugzeug saß, Ausschau nach Jesus und all den Verstorbenen, die er hier oben auf den Wolken vermutete.

Sterben und Tod - Hintergründe

Judentum

Im Judentum wird das Diesseits, also das Leben, sehr bejaht. Das Leben eines Menschen zu retten, bedeutet, die ganze Welt zu retten. Das Leben soll im Glauben geführt werden. Mit der Ankunft des Messias (auf den immer noch gewartet wird) entstand auch der Glaube an die Auferstehung.

Beim sterbenden Menschen versammelt sich die ganze Familie, die ihn im Gebet auf die himmlische Reise begleitet. Kein sterbender Mensch darf im Moment seines Todes allein bleiben und auch nach dem Tod gibt es mehrere Rituale, die die Nächsten des*der Verstorbenen durch die Trauerzeit leiten und ihnen dabei helfen, den Tod zu verarbeiten.

Levin (6) geht mit seiner Mama zum Grab der Oma, seine kleine Hand umfasst einen Stein. Diesen legt Levin auf den Grabstein. Der kleine Stein symbolisiert, dass die Verstorbene nicht vergessen ist.
An sie wird gedacht und das Grab wird besucht.

Islam

Auch im Islam besteht der Glaube an ein Leben nach dem Tod – der Glaube daran, dann Gott nahe zu sein, wenn man ein gutes Leben geführt hat. Der Tod gehört zum Leben und wie das Leben wurde er dem Menschen von Allah geschenkt. Muslime glauben daran, dass der Tod nur ein Übergang, eine Art Umzug der nie sterbenden Seele ist. Er bedeutet kein Ende, sondern ein Lebensortwechsel.

Auch wenn für Sedat (7) der plötzliche Tod seiner Tante ganz traurig ist, so weiß er, dass sie sich einmal wiedertreffen werden. Bei Gott. Auch der große Prophet Mohammed hat geweint, als sein kleiner Sohn starb. So ein Tod ist doch traurig, macht aber keine Angst.

Hinduismus und Buddhismus

Im Hinduismus und im Buddhismus wird an die Wiedergeburt, die Reinkarnation, geglaubt. Diese ist vom Karma abhängig und wird so aus den guten und negativen Taten gebildet. Wer ein selbstloses, gläubiges Leben ohne jegliche Grundübel lebt, wird aus der ständigen Wiedergeburt befreit und gelangt ins Nirwana (Hinduismus) oder Moksha (Buddhismus).

Sie sehen, dass es viele unterschiedliche Glaubensansätze gibt, wenn es um den Tod geht. Hinzu kommen natürlich noch andere Glaubensrichtungen und deren individuelle Auslegung.

Daher ist der Glaube an ein Leben nach dem Tod eine sehr persönliche Einstellung und kann sich im Laufe des Lebens auch durch Erlebnisse und Schicksalsschläge ändern. Dieser persönliche Glaube gibt uns Kraft und Hoffnung.
Auch Kinder haben ein Recht auf ihren individuellen Weg, auf dem sie ihre Erfahrungen sammeln und ihren Glauben aufbauen.

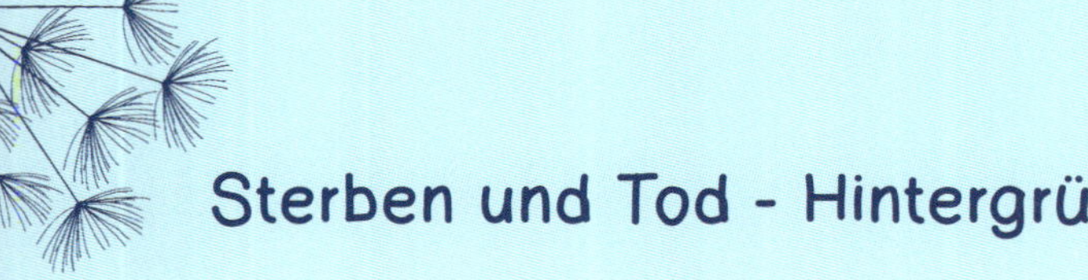

Zusammengefasst: Tipps zum Umgang mit trauernden Kindern

Merke: DAZ - da sein, ansprechbar sein, zuhören

1. *Nehmen Sie das Kind mit seiner Trauer, deren Ausdruck und allen Fragen ernst. Auch wenn die Fragen für Sie nicht logisch oder sie gar „amüsant“ erscheinen, reagieren Sie verständnisvoll und ernsthaft.*

2. *Antworten Sie ehrlich, einfühlsam und altersgerecht. Auch die Todesursache sollten Sie erklären, wenn diese bekannt ist. So können Sie bei den Kindern angstvolle Gedanken und Vorstellungen vermeiden.*

3. *Reagieren Sie auf individuelle Sichtweisen zum Thema Tod mit Gegenfragen oder äußern Sie Ihre persönliche Meinung und enden mit einer Frage, zum Beispiel: „Ich glaube, dass ... Was glaubst du?“*

4. *Warten Sie nicht ab, bis das trauernde Kind zu Ihnen kommt und Hilfe sucht. Bieten Sie sich immer wieder als Zuhörer*in, Gesprächspartner*in oder Spielpartner*in an. Seien Sie für das Kind greifbar.*

5. *Während einige Kinder in der Trauerzeit körperliche Nähe nur schwer zulassen können, brauchen andere diese umso mehr. Wenn das Kind es wünscht, nehmen Sie es beim Spaziergang an die Hand, streicheln ihm bei einem Lob über den Kopf und Ähnliches. Dies gilt auch für den Kontakt mit den anderen Kindern. Schaffen Sie Raum und Zeit für Spiel, zum Beispiel durch Kreisspiele, Kuschelecken, Lesezeit und vieles mehr.*

Sterben und Tod - Hintergründe

6. Immer wieder reden zu dürfen, ist für viele Kinder wichtig. Auch wenn sie das Geschehene mehrmals erzählen: Hören Sie aufmerksam zu. Das Wiederholen hilft dem Kind beim Verarbeiten und Akzeptieren der neuen Situation.

7. Wichtig ist Normalität. Versuchen Sie, die Routine im Alltag zu behalten. Dies gibt Sicherheit und ist verlässlich. So findet das Kind Ablenkung und Stabilität. Die „Inseln" sind sehr wichtig. Reden Sie auch mit den Eltern; ermutigen Sie diese, die Freizeitbeschäftigungen aufrechtzuerhalten, Verabredungen mit Freund*innen zu treffen und dadurch „Inseln" frei von Trauer zu schaffen.

8. Genau wie uns Erwachsenen helfen auch Kindern schöne Erinnerungen an den*die Verstorbene*n sowie Orte, an denen man sich verbunden fühlt. Vielleicht besuchen Sie das Grab des*der Verstorbenen, schauen sich Fotos an, erzählen sich schöne Momente und vieles mehr.

9. Wenn Sie Trauerrituale in der Kita beenden, erklären Sie es den Kindern und beziehen Sie diese mit ein. Findet zum Beispiel der Tisch, der zum Andenken hergerichtet wurde, keine so große Beachtung mehr, lösen Sie diese Gedenkstätte behutsam mit den Kindern auf. Überlegen Sie, was Sie mit den gemalten Bildern machen wollen. Wollen sie diese der trauernden Familie schenken? Will vielleicht auch ein Kind sein gemaltes Bild selbst als Andenken behalten? Wollen Sie kleine Gegenstände, die auf dem Tisch Platz gefunden haben, zum Grab bringen oder hierfür einen anderen Platz in der Kita finden? Standen Blumen auf dem Tisch? Diese können sehr gut auf den Friedhof gebracht werden. Wichtig ist es, die Kinder hier bewusst mitentscheiden zu lassen. Dies ist ein weiterer Schritt des Abschieds.

10. Reden Sie nicht von der verstorbenen Person als „der*die von uns Gegangene" oder mittels anderer Euphemismen. Nennen Sie den Namen, dies zeigt, dass die Beziehung, die Bindung aufrecht bleibt. Auch wenn sich ganz viel ändert, bleibt Opa Peter Opa Peter und wird nicht auf einmal anders benannt. Dies gibt Sicherheit.

Bedeutung von Trauer

Trauer löst bei uns angstvolle, sorgenhafte und beklemmende Gefühle aus. Dabei ist sie immens wichtig; wichtig, um Schicksalsschläge zu verarbeiten und zu begreifen.

Trauer sollte nicht mit Traurigkeit verwechselt werden. Traurigkeit erleben wir häufig. Auch die Kinder erleben im Alltag öfter Situationen, die in ihnen Traurigkeit auslösen. Traurigkeit ist ein kurzer Prozess, der oft geradlinig verläuft, irgendwann aufhört und bei Kindern sichtbar ist. Kinder zeigen Traurigkeit durch Weinen, bedrückte Gestik und Mimik oder äußern diese direkt. Ein Streit unter Freund*innen, ein Misserfolg, ein zerstörtes Bauwerk und vieles mehr kann bei Kindern Traurigkeit auslösen. Jedes Kind erlebt Traurigkeit und lernt auch, durch unsere tägliche Unterstützung, mit dieser umzugehen.

Trauer hingegen ist ein langer Prozess, der nicht geradlinig ist. Trauer ist oft nicht direkt sichtbar und verschiedene Verhaltens- und Verarbeitungsweisen wechseln sich ab. Trauer hinterlässt Spuren im Leben, da Trauer durch einen schweren Verlust ausgelöst wird, welcher unser Leben verändert und nachhaltig beeinflusst. Wir brauchen die Trauer, um einen Schicksalsschlag gesund zu verarbeiten und Kraft für die Zukunft zu finden.

Trauer hat verschiedene Aufgaben und ist ein wichtiger Prozess, um einen schweren Schicksalsschlag zu verarbeiten. Durch sie wird der Tod, der schmerzliche Verlust, begreifbarer und kommt aktiv und bewusst in unsere Realität – in den Alltag. Sie hinterlässt Lücken und Risse, die wir nie wieder ganz füllen werden. Sie schafft schmerzende Wunden und diese heilen zu lassen, dauert und benötigt Unterstützung.

Trauer lässt uns den Schmerz spüren. Wir erleben beim Trauern starke Gefühle – Gefühle des Vermissens, Verlustes, Abschieds, der Wut und viele mehr.

Während unseres Trauerprozesses erinnern wir uns bewusst an den*die Verstorbene*n, an Erlebnisse aus der Vergangenheit, an Gerüche, an Eigenarten des*der Verstorbenen und an alles, was uns verbunden hat. Dies wird verinnerlicht und der*die Verstorbene wird so in ein inneres Bild „verwandelt". Das innere Bild ist wichtig. Es schafft Vertrautheit und es ist schön, an jemanden zu denken, der einem sehr wichtig war, auch wenn es schmerzt. So hilft das innere Bild oft beim Trauerprozess. Es kann aber auch neue Trauergefühle aufkommen lassen und muss verarbeitet werden – gerade wenn das Kind das Gefühl hat, dass das Bild (die Gerüche, die Stimme) verblasst.

Der gesamte Trauerprozess ist unglaublich wichtig und sollte bei Kindern empathisch und aufmerksam begleitet werden. Lassen Sie jedes Kind individuell trauern und seien Sie ohne Wertung unterstützend an der Seite des Kindes. Behalten Sie das Kind und seine individuellen Bedürfnisse stets im Blick. So kann das Kind den Schicksalsschlag verarbeiten und lernt, die Trauer zuzulassen und mit ihr umzugehen.

Kinder trauern unterschiedlich

Das Trauerverhalten und der Trauerprozess sind immer individuell. Kinder trauern oft ganz anders, als wir Erwachsenen es erwarten. Dies liegt mitunter daran, dass Kinder im Kindergartenalter einige Fähigkeiten für die Trauerbewältigung noch nicht oder nur teilweise besitzen. Kinder haben ein anderes Zeitgefühl, ihre verbalen Fähigkeiten sind noch nicht vollständig entwickelt und so drücken sie sich mehr im Spielen/Handeln aus.

Trauer hat viele Ausdrucksmöglichkeiten und auch die Trauerzeit ist unterschiedlich lang. Oft weinen Kinder weniger, reden seltener über den Verlust und lachen wieder früher. Wie bei Erwachsenen ist dies auch von Kind zu Kind ganz unterschiedlich. Aber auch wenn Kinder ihre Trauer ganz anders zeigen, durchleben sie diese genau wie wir Erwachsenen.

Wichtig ist es, den Trauerprozess der Kinder aktiv und unkritisch zu begleiten und zu beobachten. Wie lange ein Kind trauert, ist individuell und nicht festgelegt. Ein Kind sollte in jedem Fall aber nicht dauerhaft von Trauer erfüllt sein. Wenn Sie bemerken, dass ein Kind weder allein noch mit Ihrer Hilfe bzw. der Hilfe der Familie die Trauer und den damit verbundenen Verlust verarbeiten kann, sollten Sie professionelle Hilfe einholen. Dies sollte auch geschehen, wenn sich ein Kind langfristig, auffällig und nicht positiv verändert. Aus diesem Grunde sollten Sie trauernde Kinder besonders beobachten. Achten Sie darauf, ob sich ihr Spielverhalten, der Kontakt zu Ihnen und den anderen Kindern und ihr emotionales Verhalten verändern und wie die Kinder trauern.

Kinder, die aggressiv/extrovertiert reagieren

Manche Kinder können ihre Trauer durch aggressives Verhalten äußern. Sie hauen andere Kinder, sind ungehalten, werfen Spielzeug, werden laut, schubsen und vieles mehr. Alles das können Zeichen tiefer Trauer sein. Sie sind unglaublich traurig und wütend! Wütend über den Verlust. Wütend über den Schmerz. Und diese Wut sucht sich verschiedene Kanäle.

➲ **Das ist jetzt wichtig:**

Als Erzieher*in sind Sie hier sehr wichtig. Reglementieren Sie das Kind nicht vor den anderen Kindern. Suchen Sie lieber ein ruhiges Gespräch. Seien Sie für das Kind da und hören Sie ihm zu. Aber sagen Sie ihm auch, dass dieses Verhalten nicht in Ordnung ist. Sie können verstehen, dass es voller Wut ist, aber es darf nicht andere verletzen. Auch trauernde Kinder brauchen Grenzen und diese verleihen ihnen Sicherheit und Normalität.

Geben Sie ihm andere Möglichkeiten, die Wut zu verarbeiten. Es kann laut schreien, auf ein Kissen hauen oder kräftig stampfen, um seinen Gefühlen Ausdruck zu verleihen. Wenn es dies getan hat, versuchen Sie, Körperkontakt aufzunehmen, sei es durch In-den-Arm-Nehmen oder Über-den-Kopf-Streicheln. Reagieren Sie intuitiv und zugewandt!

Auch vor den anderen Kindern sollten Sie das Verhalten nicht ständig erklären und zur Rücksicht aufgrund der Trauersituation des Kindes aufrufen. Hier besteht sonst die Gefahr, dass das Kind in eine Rolle gedrängt wird. Vielmehr braucht es Normalität, die es zum großen Teil von den anderen Kindern erfahren kann.

Kinder, die ängstlich reagieren

Wenn es zu einem Trauerfall im engen Umfeld des Kindes kommt, können Kinder Ängste entwickeln oder vorhandene Sorgen können sich verstärken. Verliert ein Kind beispielsweise einen Elternteil bei einem Verkehrsunfall, kann es sich dadurch sehr ängstlich im Straßenverkehr verhalten. Ich kannte ein kleines Mädchen in der Kita, welches seinen Bruder bei einem schrecklichen Badeunfall verloren hat. Das Mädchen hatte daraufhin panische Angst vor Wasser!

➲ **Das ist jetzt wichtig:**
Es ist wichtig, diese Ängste ernst zu nehmen und das Kind sanft zu beruhigen. Es kann auch passieren, dass andere Kinder anfangen, das betroffene Kind zu hänseln. Hier sollten Sie natürlich unterbindend eingreifen.

Wenn Sie merken, dass sich die Angst verfestigt und Sie an Ihre Grenzen kommen, sprechen Sie mit den Eltern und überlegen Sie gemeinsam, ob ein*e Therapeut*in hinzugezogen werden sollte.

▸ Kinder drücken ihre Trauer unterschiedlich aus.

Kinder, die ambivalent/sprunghaft reagieren

Einige Kinder reagieren ambivalent in ihrem Trauerprozess. Das bedeutet, dass sich Gefühle und Verhaltensweisen sprunghaft ändern können.

Das Kind spielt fröhlich und ausgelassen und einige Zeit später sitzt es traurig und in sich gekehrt auf dem Stuhl. Oder ein Kind spielt in dem einen Moment mit seinen Freund*innen und wird plötzlich aggressiv. Das Kind ist überfordert; die Trauer „drängt" sich ihm immer wieder auf.

➲ **Das ist jetzt wichtig:**
Seien Sie für das Kind da. Signalisieren Sie ihm, dass beides erlaubt ist: Lachen und Weinen. Es ist wichtig, seine Gefühle wahrzunehmen und diese auszudrücken und zuzulassen. Beobachten Sie auch, ob das Kind nach ausgelassenem Spiel traurig ist. Es kann nämlich sein, dass es sich schlecht fühlt, weil es Freude empfunden hat, obwohl es trauern „sollte" oder „müsste". Reden Sie mit ihm und erklären Sie, dass Freude und Fröhlichkeit erlaubt und auch wichtig sind.

Kinder, die körperlich reagieren

Kinder können auch körperliche Reaktionen auf einen Trauerfall haben. Diese äußern sich meist durch Bauchweh, Kopfweh oder Einnässen.

➲ **Das ist jetzt wichtig:**
Nehmen Sie die körperlichen Beschwerden ernst. Reden Sie mit den Eltern, um diese körperlichen Schmerzen gegebenenfalls ärztlich abklären zu lassen.

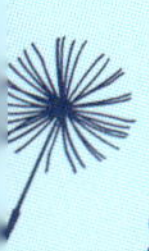

Kinder, die unbeschwert reagieren

Am schwersten fällt uns Erwachsenen oft der Umgang mit Kindern, die unbekümmert oder gar teilnahmslos reagieren. Denn dieses Verhalten ist für uns kaum nachvollziehbar und manchmal auch schwer auszuhalten.

Ich habe es schon erlebt, dass Kinder den Unfall und die folgende Beerdigung nachspielen. Eine Kollegin berichtete mir, dass ein Kind wochenlang die Besuche im Krankenhaus, die Chemotherapie der Mama und sogar das Sterben der Mama „nachgespielt" hat.

Auch dies kann Teil des Trauerprozesses sein. Das Kind verarbeitet so spielerisch das Erlebte, wie es das auch mit anderen Situationen (zum Beispiel Streit der Eltern, Schwangerschaft oder Ähnliches) machen würde.

Tom (6 Jahre) sagte nach dem Tod seines Großvaters zu mir: „Ich bin nicht traurig. Opa ist doch im Himmel und macht bestimmt gerade Quatsch."

➲ **Das ist jetzt wichtig:**
Dieses unbekümmerte Verhalten muss auch respektiert werden und ist aus meiner Sicht ein bemerkenswerter Umgang mit einem Trauerfall. Vor allem Tom mit seiner Aussage und der in diesem jungen Alter schon gefundenen Überzeugung fand ich sehr beeindruckend und selbstlos, da Trauer auch eng mit dem eigenen Verlust verbunden ist.

Kinder, die mit Fragen reagieren

Wenn Kinder das erste Mal Trauer erleben, reagieren sie häufig mit sehr vielen Fragen, also kognitiv. Sie hinterfragen den Tod, das Sterben und auch das Leben. Nicht selten kommen ganz pragmatische Fragen zum Ablauf der Beerdigung, was mit der Leiche im Sarg passiert, wo der*die Tote so lange aufbewahrt wird und einiges mehr.

Zum Beispiel ist Jans (4 Jahre) Opa bei einem Autounfall gestorben und er hat seine Eltern vor allem mit Fragen zum Unfallhergang gelöchert:

- Wer war der andere Autofahrer?
- Was hat er für ein Auto gefahren?
- Wie viele Polizisten waren vor Ort?
  Und vieles mehr.

Dies hat die Eltern sehr überfordert und auch irritiert. Aber für Jan war es wichtig, zu verstehen und Antworten zu bekommen.

➲ **Das ist jetzt wichtig:**
Gerade wenn ein Trauerfall in der Kernfamilie auftritt, haben die Eltern bzw. Elternteile oft keine Kraft für solche Fragen oder sind über diese vielleicht sogar bestürzt. Nehmen Sie sich Zeit; antworten Sie ehrlich und offen. Vielleicht besuchen Sie mit dem Kind auch vor der Beerdigung den Friedhof, zeigen thematisch passende Bücher oder besuchen die Kirche, in der die Trauerfeier stattfindet. Wissen und Erfahrungen können dem Kind Sicherheit und Verständnis geben.

Kinder, die motorisch reagieren

Einige Kinder reagieren stark durch Handeln. Wenn sie von einem Trauerfall erfahren, fangen sie an, zu spielen, zu singen, zu malen oder noch ganz anderes. Zum Beispiel hat Paul (6 Jahre) nach dem Tod seines Onkels nur noch Fußball gespielt. Ganz vertieft hat er auf das Tor geschossen, Bilder von Fußballspielen gezeichnet und vieles mehr. Bei einem Gespräch mit seinen Eltern stellte sich heraus, dass Paul immer mit seinem Onkel Fußball gespielt hat. Durch das weitere Spielen hat er sich seinem Onkel nahe gefühlt.

➲ **Das ist jetzt wichtig:**
Geben Sie dem Kind Zeit und Raum, um seinem Bewegungsdrang nachzugehen. So verarbeitet das Kind den Verlust und die damit verbundenen Gefühle.

Kinder, die den Tod verdrängen

Kinder können auch mit Ablehnung des Todes reagieren. Manchmal will man es einfach nicht wahrhaben. Wir kennen das selber: Man will es nicht glauben. So geht es auch einigen Kindern und sie verdrängen den Trauerfall. Sie gehen in die Kita, spielen und lachen weiterhin und vermeiden es, über den Trauerfall zu reden. Manchmal reagieren dann Erwachsene verständnislos und machen dem Kind unterschwellig Vorwürfe. Dies ist aber ungerechtfertigt. Geben Sie den Kindern Zeit und Raum. Vorwürfe sind völlig fehl am Platz, respektieren Sie die Reaktion jedes einzelnen Kindes.

➲ **Das ist jetzt wichtig:**
Oft werden die Gefühle der Trauer durch kleine Ereignisse ausgelöst und brechen heraus. Diese Momente sind die Chance, das Kind aufzufangen und ihm zu helfen, die Trauer zu bewältigen.

Kinder, die versuchen, Lücken zu schließen

Gerade bei einem Trauerfall in der Kernfamilie kann es passieren, dass das Kind versucht, eine Lücke zu schließen. Es will zum Beispiel den Papa oder die Mama ersetzen und versucht, deren Aufgaben zu übernehmen. Zum Beispiel deckt es immer den Frühstückstisch, räumt vermehrt auf, versucht, dem trauernden Elternteil viel Trost zu spenden, kümmert sich um Geschwisterkinder oder Ähnliches.

➲ **Das ist jetzt wichtig:**
Hier sollten wir auch darauf achten, dass das Kind sich nicht selbst überfordert und seine eigene Trauer zulässt. Als Erzieher*in können Sie versuchen, dem Kind viel Raum und Zeit zu geben, um einfach Kind zu sein. Der gewohnte Kita-Alltag gibt dem Kind Sicherheit.

Kinder, die die Schuld bei sich suchen

Warum? Warum musste das passieren? Warum musste sie*er sterben? Diese Fragen stellen sich Kinder genau wie Erwachsene. Niemand kann sie beantworten und trotzdem erreichten sie immer wieder unsere Gedanken und drückten die Fassungslosigkeit aus.

Es gibt Kinder, die versuchen, sehr stark diese Warum-Frage zu beantworten. Es kann passieren, dass sie die Schuld dann bei sich selbst suchen, nach dem Motto: „Wäre ich nicht so schnell gelaufen, hätte Tom nicht versucht, mich zu überholen, und wäre nicht auf die Straße gelaufen."

Linda (4 Jahre) sagte nach dem Tod der Oma zu mir: „Oma war ganz doll krank. Ich habe ihr keinen Apfel gebracht und nun ist sie tot."

➲ **Das ist jetzt wichtig:**
Diese Gedanken beschäftigen Kinder und bedürfen dringend einer Erklärung und Entkräftung dieser Aussage. Nehmen Sie die Befürchtungen des Kindes unbedingt ernst und sprechen Sie immer wieder mit dem Kind über die Ursachen.

Wie entwickelt sich das Verständnis für und die Sichtweise auf den Tod?

Verstehen braucht Zeit und Erfahrungen. Bevor wir Verständnis entwickeln, müssen wir verstehen. So ist auch das Verständnis für den Tod ein Entwicklungsprozess, der Zeit braucht.

Den Tod mit seiner Endgültigkeit zu verstehen, ist nicht leicht. Aber um diesem Verständnis etwas die Dunkelheit und Angst zu nehmen, ist es wichtig, den Erfahrungsbereich der Kinder mit Erlebnissen zu füllen. Um dies zu tun und die Kinder gut zu begleiten, ist es ratsam, ein Bild von der Sicht der Kinder auf den Tod zu haben. Ansonsten würden wir sie eventuell überfordern.

Das Verständnis für den Tod bei Kindern im Krippenalter

Kinder unter drei Jahren haben noch keine Vorstellung vom Tod. Sie verstehen die Endgültigkeit noch nicht. Ein Abschied für immer ist für sie nicht greifbar. Es ist für sie eher wie eine Abwesenheit. Dennoch spüren sie den Verlust und die Trauer der anderen. Auch Kleinkinder vermissen den verstorbenen Menschen schmerzhaft und trauern. Vor allem bei einem Todesfall in der Kernfamilie spüren Kinder die veränderte Alltagssituation. Diese veränderte Routine kann sehr verunsichern und für Ängste sorgen.

Auch wenn Kleinkinder den Tod noch nicht verstehen, sollten Sie ihn trotzdem so benennen. Es gibt auch viele Märchen und Bücher, die sich gezielt für dieses Alter mit dem Thema auseinandersetzen und die Sie gut nutzen können (eine Übersicht über Bücher zu dem Thema finden Sie auf S. 46). Wichtig ist hier insbesondere, dem Kleinkind Zeit und Nähe zu widmen.

Das Verständnis für den Tod bei Kindern im Kindergartenalter

Auch in diesem Alter haben die Kinder noch keine Vorstellung von der Endgültigkeit. Ihre alltäglichen Erlebnisse bestehen aus wiederkehrenden Ereignissen. Oma geht nach Hause – kommt aber wieder zu Besuch; sie werden von Mama in die Kita gebracht und später wieder abgeholt; Papa bringt sie zum Schwimmen und holt sie ab, die Eltern gehen zur Arbeit und kommen wieder heim. Das führt dazu, dass die Kinder oft denken, wenn jemand stirbt, ist er weg, kommt aber wieder.

Ich hatte einmal eine Situation im Morgenkreis, wo Katharina (4 Jahre) sagte: „An Weihnachten kommt meine tote Oma wieder zu uns."

Häufig denken Kinder in diesem Alter auch, dass man nicht ganz tot ist und im Grab weiterlebt und weiterfühlt. Dies hat einmal Heinrich (5 Jahre) zum Ausdruck gebracht, als er an einem sehr kalten Wintertag sagte: „Mein kleiner Bruder wird im Grab frieren, er hat seine dicke Jacke gar nicht dabei." Solche Aussagen können uns Erwachsene überfordern. Hier ist es wichtig, altersgerecht zu reagieren und zu erklären. Zum Beispiel könnten Sie sagen: „Du brauchst dir um deinen Bruder keine Sorgen zu machen! Er kann nun keine Kälte mehr spüren". Erklären Sie es dem Kind so wissenschaftlich, wie Sie möchten. Aber legen Sie den Fokus darauf, dass es sich keine Sorgen machen muss, weil es dem*der Verstorbenen gut geht, da wo er*sie jetzt ist.

Die Neugier steigt in diesem Alter und es werden vermehrt Fragen zum Thema Tod gestellt. Sie können die Neugier gut aufgreifen und Angebote sowie Projekte zum Thema Tod anbieten. Beantworten Sie Fragen mit klaren Antworten, suchen Sie das Gespräch und erklären Sie so viel wie möglich!

Bei aktuellen Not- und Trauersituationen sollten Sie Geschehnisse erläutern, zum Beispiel, dass ein Mensch bei schwerer Krankheit schwächer wird und dann sterben kann.

Wenn hier ein Verlust im engen Familienkreis stattfindet, steigert dies oft alltägliche Ängste – zum Beispiel vor der Dunkelheit, dem Alleinsein oder dem Verlieren.

Das Verständnis für den Tod bei Kindern im Vorschul- und Grundschulalter

Der Tod wird mit steigendem Alter nun realistischer und greifbarer. Dennoch wird er noch nicht in seiner Endgültigkeit verstanden. Kinder personalisieren den Tod in diesem Alter oft, so wie man früher vom „Sensenmann" sprach. Er wird nun aber bereits mit starken Gefühlen von Trennung, Trauer und Schmerz verbunden. Es können durchaus die ersten Ängste und tieferen Fragen zum Sterben und dem Tod aufkommen, da auch die eigene Sterblichkeit langsam bewusst wird. Aus diesen Gründen ist es wichtig, mit den Kindern offen und ehrlich zu sprechen. Sie brauchen Ruhe und Zeit, um ihre Gedanken, Gefühle und eventuellen Ängste zum Thema Tod auszudrücken.

In diesem Alter kommt auch noch einmal ganz bewusst der wissenschaftliche Aspekt des Todes ins Blickfeld der Kinder. Als unser Zwergkaninchen gestorben war, haben wir es beerdigt. Simon, der Freund meines Sohnes, wollte das Kaninchen sehr gerne ausgraben, um zu sehen, wie es jetzt aussieht. Meinen Sohn hat dieser Wunsch sehr getroffen, da er noch sehr mit der Trauer um das geliebte Haustier beschäftigt war. Simon hingegen war einfach neugierig und hatte Fragen. Auf dem Weg zum Grab entstanden so sehr interessante Gespräche über den Tod.

Das Verständnis für den Tod bei Kindern nach der Grundschule

Mit ungefähr zehn Jahren haben die Kinder den biologischen Tod in seiner Endgültigkeit verstanden. Sie haben langsam ihre eigenen Gedanken und Vorstellungen zum Tod und einem eventuellen Leben danach. Die eigene Sterblichkeit ist ein realer Teil vom Leben.

Oft stellen sie viele Fragen und bilden sich so mehr und mehr ihre eigene Meinung. Aus diesen Gründen durchleben die Kinder und Jugendlichen die Trauerphase wie Erwachsene.

Teil II

Tod und Trauer

im Kita-Alltag

Tod eines Tieres

Wir Erwachsenen haben oft Sorge, dass wir die Kinder überfordern, sie mit „schweren" Themen belasten und ihnen so die unbeschwerte fröhliche Kindheit nehmen. Gerade bei dem Thema Trauer und Tod gibt es häufig Bedenken. Kinder und Tod – das passt irgendwie nicht zusammen! Dabei begegnen wir alle häufig dem Tod. Gerade unsere Kinder, die noch mehr den Blick für die kleinen Dinge im Leben haben, sehen den Tod nicht selten. Welches Kind hat nicht schon ein totes Insekt gefunden? Wer hat nicht schon eine Mücke totgeschlagen? Im anschließenden Kapitel erfahren Sie mehr über den Umgang mit solchen Situationen.

Totes Tier in der Kita

Es ist keine Seltenheit, dass Kinder im Garten der Kita oder auf dem Spielplatz ein totes Tier entdecken. Das kann ein Insekt, ein kleineres Säugetier oder ein Vogel sein.

Solche Erlebnisse können Sie gut nutzen, um über den Tod und das Sterben zu reden. Greifen Sie die Situation auf und lenken Sie sie, damit wichtige Dinge, wie Hygiene, nicht vergessen werden. Kinder wollen das tote Tier oft anfassen. Erklären Sie, dass dies nicht erlaubt werden kann, weil das Tier auch an einer Krankheit gestorben sein kann und möglicherweise Krankheitserreger an sich trägt. Wenn Kinder das Tier berührt haben, sollten Sie sich anschließend gut die Hände waschen.

Sie können das Tier eventuell auf ein Papier oder in eine Pappschachtel legen und einen Stuhlkreis herum bilden, so merken die Kinder, dass ihr Interesse ernst genommen wird, und sie bekommen die Gelegenheit zu einer Auseinandersetzung.

Fragen Sie die Kinder, wie sie sich fühlen. Wie ist das Tier gestorben? Wie sieht es aus? Haben Sie vorher schon mal ein totes Tier gesehen?

Manche Kinder empfinden vielleicht Trauer oder sogar Ekel, andere vielleicht Neugierde, alle werden auch sehr von der Sichtweise der anderen Kinder profitieren. Moderieren Sie das Gespräch und überlegen Sie gemeinsam mit den Kindern, was mit dem Tier geschehen soll. Vielleicht möchten sie es beerdigen.

Eine Beerdigung ist ein sehr reinigendes Abschiedsritual – ob für groß oder klein.

Tod eines Haustieres

Viele Kinder haben das Glück, ein Haustier zu besitzen. In einigen Kitas gibt es sogar ein Aquarium, Zwergkaninchen oder ähnliche Kleintiere, die von den Kindern, Erzieher*innen und Eltern gepflegt werden.

Für Kinder ist die Erfahrung, sich um ein Haustier zu kümmern, sehr schön und auch prägend. Sie lernen, Verantwortung zu übernehmen, sich liebevoll um das

Tod und Trauer im Kita-Alltag

Wenn Kinder von klein auf mit Haustieren groß werden, besteht oft eine besonders innige Bindung.

Haustier zu kümmern, es zu füttern, den Käfig oder das Aquarium sauber zu halten und sich mit ihm zu beschäftigen.

Kinder bauen häufig eine sehr intensive, von Liebe geprägte Bindung zu dem Haustier auf. Mein Bruder zum Beispiel hat unserem Hund seine Sorgen und Ängste anvertraut. Der Hund war für ihn ein wichtiger Zuhörer, der durch seine Nähe auch gleich Trost gespendet hat.

So kann der Verlust des Haustieres Gefühle tiefer Trauer auslösen. Es ist wichtig, diese meist erste Erfahrung mit dem Tod zu verarbeiten und ihr die verdiente Aufmerksamkeit zu schenken. Auch hier sollten Sie dem Kind zuhören, ihm Zeit und Raum zum Reden geben.

Als das Zwergkaninchen meines Sohnes gestorben ist, hat er sehr viel geweint. Der Verlust war sehr schmerzhaft und es war für ihn die erste direkte Erfahrung mit dem Tod. Wir haben für sein Häschen Hoppeli einen Schuhkarton bunt gestaltet. Er hat ihn liebevoll mit Bildern und Aufklebern versehen. Hoppeli wurde in seinem Lieblingshandtuch eingekuschelt und behutsam in den „Sarg" gelegt. Anschließend wurde er beerdigt. Mein Sohn hat einen Platz ausgewählt und wir haben Hoppeli mit Tränen, Worten und Gebeten beerdigt. Mit Papa wurde noch ein Kreuz gebastelt und dieses hat, gemeinsam mit einigen bunten Blumen, seinen Platz auf dem Grab gefunden. Für meinen Sohn war dieses Ritual von großer Bedeutung. Dieser bewusste Abschied hat ihm sehr geholfen. Selbst fast zwei Jahre später gehen wir regelmäßig zu der Stelle, an der Hoppeli begraben wurde, und erzählen von ihm. So haben meine Kinder die ersten Erfahrungen mit Tod, Trauer, Abschied und einer Beerdigung gemacht. Ihnen hat dies sehr geholfen und sie auch auf spätere Trauerfälle vorbereitet. Beerdigungen machen ihnen keine Angst, da sie die Abläufe etwas kennen und sie wissen, dass sie mit der Trauer nicht allein sind. In der Kita hatten wir schon öfter den Verlust von Fischen zu beklagen. Auch diese haben wir im Garten beerdigt. Den Kindern ist dieses Ritual sehr wichtig und der „Fischfriedhof" wird aufwändig und liebevoll gepflegt.

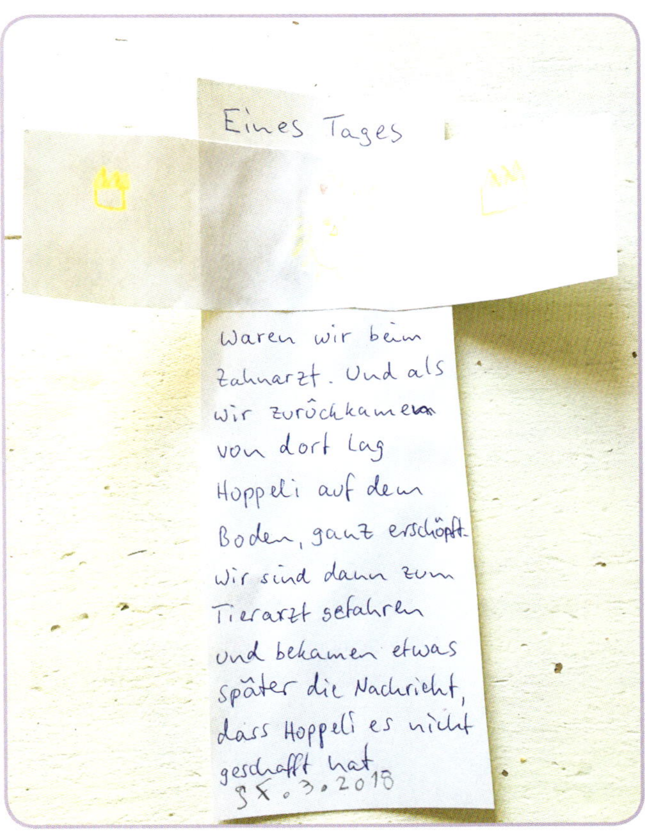

Lassen Sie die Kinder berichten, was in ihren Augen geschehen ist.

Ein besonderer Fall des Todes bei Haustieren ist das Einschläfern-Lassen. Es ist wichtig, darüber zu reden, was geschieht, da dies mehrere Missverständnisse mit sich bringt. Einerseits legt das euphemistische Wort „einschläfern" nahe, es könne sich um Schlafen und nicht um Sterbehilfe handeln. Andererseits ist es für Kinder schwierig, zu verstehen, warum es in diesem Fall in Ordnung ist, ein Tier zu töten. Sagen Sie nicht: „Das Tier wurde eingeschläfert, weil es schon alt ist." Welche Schlussfolgerung soll das Kind daraus ziehen, wenn es diesen Gedanken zum Beispiel auf seine Oma überträgt!

Ein Kita-Kind brachte ein Foto seiner Katze mit. Es war das letzte Foto. Das Kind wusste genau Bescheid und konnte erklären: „Guck, Ella hat einen ganz dicken Tumor am Mund, das sieht man hier. Das tut ihr sehr weh, deswegen mag sie gar nicht mehr aus der Kiste rauskommen." Das Wort „Tumor" konnte das Kind sicherlich noch nicht verstehen, aber es verstand, dass es der Katze schlimme Schmerzen bereitete. Die Mutter hatte dem Kind erklärt, dass der Tierarzt die Katze nun einschläfern würde und sie dann nicht mehr da wäre. Das Kind hatte selbst wählen dürfen, ob es mit zum Tierarzt gehen wollte. Das war ihm doch ein wenig zu unheimlich, es hatte aber dieses letzte Foto bei sich und hat im Laufe des Tages immer wieder an Ella gedacht.

Das letzte Foto der geliebten Katze

Todesfall bei Kindern zu Hause

Ein familiärer Todesfall bringt das Leben des Kindes aus dem Gleichgewicht. Die Institution Familie, welche sonst Sicherheit, Geborgenheit, Vertrautheit und Fröhlichkeit bedeutet, gerät komplett ins Wanken. Jetzt beherrschen Trauer, Unsicherheit und Veränderungen den Alltag der Familie.

Hier ist die Kita ein wichtiger Ort. Ein Ort der Normalität und Sicherheit. Der geregelte Alltag mit all seinen Ritualen, Angeboten und Abläufen gibt dem Kind ein Gefühl von Vertrautheit und wird zu einem Ort des Durchatmens und Ausruhens.

Darum sind Sie als Erzieher*in sehr wichtig! Wenn Sie von einem Trauerfall in der Familie eines Kindes hören, sollten Sie diese kontaktieren und Ihr Beileid aussprechen. Dies kann telefonisch oder auch persönlich geschehen.

Scheuen Sie sich nicht vor der Kontaktaufnahme. Diese wird meist als hilfreich und zugewandt empfunden. Mir ist durchaus bewusst, dass dies ein schwerer Schritt ist. Das Herz schlägt schneller, man ist verunsichert, aufgeregt und fühlt sich haltlos. Sogar wenn Sie nicht viel sagen, selber weinen müssen oder ins Stocken geraten, so ist dieser Kontakt für die Eltern und auch für Sie selbst wichtig! Häufig schrecken Freund*innen und Bekannte vor einer Kontaktaufnahme zurück und die Trauernden fühlen sich noch einsamer und verlassener.

Selbstverständlich sollten Sie dann Ihre Kolleg*innen informieren. Sprechen Sie sich innerhalb des Teams ab: Wer informiert die anderen Kinder über die Situation? Wer ist die*der Bezugserzieher*in und kann das betroffene Kind am besten in der Kita auffangen? Wie wird mit den Eltern umgegangen? Wer kümmert sich um die Beileidskarte der Kita? Müssen die anderen Eltern informiert werden? All das und diverse weitere Fragen sollten geklärt werden. Natürlich ist dies ganz unterschiedlich und abhängig davon, ob eine weit weg lebende Großmutter gestorben ist, oder vielleicht die Mutter eines Kindes, die die

© Hanna Schenck

anderen Kinder und Eltern auch kannten. Gegebenenfalls kann es gut sein, eine kleine Dienstbesprechung stattfinden zu lassen und den Umgang mit der Situation für alle zu erleichtern. Wichtig ist es, mit der betroffenen Familie zu sprechen und diese zu fragen, wie die Familie sich wünscht, dass damit umgegangen wird.

Der erste Kita-Tag nach einem Trauerfall in der Familie ist für alle am Anfang befangen. Wer wird das Kind bringen? Wie begegne ich den Eltern? Es ist eine Situation, die uns viel abverlangt und voller Unsicherheit ist. Aus meiner Erfahrung sollten Sie offen, ehrlich, mitfühlend und so „normal" wie möglich handeln. Begrüßen Sie das Kind freundlich. Sagen Sie ihm, dass Sie sich freuen, dass es wieder in der Kita ist. Das Kind hat in den letzten Tagen viel Trauer erfahren und muss erst „ankommen". Geben Sie ihm die nötige Zeit. Begleiten Sie es. Und ziehen Sie sich zurück, wenn Sie merken, dass es „da" ist – eben, wenn es mit seinen Freund*innen spielt oder sich allein in Ruhe mit etwas beschäftigt.

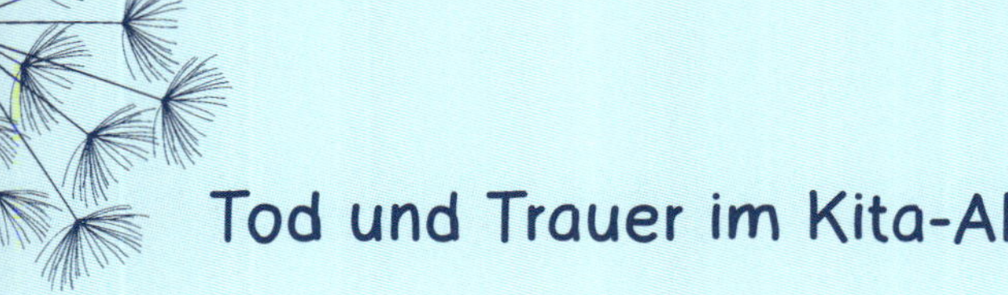

Tod eines Elternteils

Wenn ein Elternteil stirbt, bricht die ganze Familienstruktur auseinander. Selbst wenn das Kind keine bewussten Erinnerungen an den Elternteil hat, gibt es eine Lücke, die immer wieder spürbar ist. Gerade an Feiertagen, wie Weihnachten, Geburtstag, Einschulung, Hochzeit usw., wird diese Lücke sehr präsent und spürbar.

Das Kind fühlt sich oft verlassen und empfindet so ein Gefühlschaos. Es schwankt zwischen Vermissen, Lieben und Wut.

Beschreiben Sie ehrlich, wie die Person war, berichten Sie von lustigen Erlebnissen, von Stärken und Schwächen. Erzählen Sie von den wunderschönen Eigenschaften, der Liebe, die das Elternteil für das Kind empfunden hat, welche Rituale es mit dem Kind hatte, was es sehr gut konnte, von seinem Lachen und vielen unvergesslichen Erinnerungen.

Eltern sind nicht perfekt, auch sie haben ihre kleinen Fehler, die sie auch gerade wieder einmalig und liebenswert machen. Ein Kind hat immer von seiner Mama erzählt: Diese hat bei der Hausarbeit Musik gehört und hier laut und fröhlich mitgesungen. Allerdings hat sie nicht alle Töne getroffen und gerade das macht es wieder zu einer so einmaligen Erinnerung, die einem ein Lächeln ins Gesicht zaubern kann. Ein anderes Kind hat mal lachend während einer Garten-Projektwoche von seiner Mama erzählt. Diese liebt Blumen, aber sie hat kein Talent für die Gartenarbeit und der Junge meinte, ihr Garten sehe wie eine Wüste aus. Solche Erinnerungen schaffen kein „schlechtes" Elternbild, sondern zeigen, wie wundervoll einmalig jede*r ist, und schaffen so Erinnerungen, an die wir trotz ihrer „Unperfektheit" mit einem Lächeln zurückdenken.

Neben der primären Trauer entstehen bei einem Todesfall in der Familie auch sogenannte Sekundärverluste. Das sind Folgen, die durch den Verlust der Person zusätzlich entstehen. Wenn zum Beispiel der Vater stirbt und die Tochter immer mit ihm zusammen angeln war, was nun nicht mehr möglich ist, so ist der Verlust dieses Hobbys ein Sekundärverlust.

Ein häufig auftretender Sekundärverlust sind finanzielle Veränderungen, unter Umständen sogar mit räumlichen Auswirkungen, wenn die Familie in eine kleinere Wohnung ziehen muss. Des Weiteren kann sich auch der Betreuungsbedarf ändern, sodass ein Mittagskind fortan doch bis nachmittags in der Kita bleiben muss oder nun häufiger von anderen Betreuungspersonen abgeholt wird. So verändern sich für das Kind eventuell sowohl das Wohnumfeld als auch das soziale Umfeld. Dies alles sorgt für zusätzliche Belastungen. Reden Sie viel mit dem Kind und beobachten Sie es. Reagieren Sie individuell und empathisch. Einige Kinder nehmen diese Veränderungen als sehr belastend und negativ wahr. Andere empfinden diese sogar als erleichternd und positiv, da sie die vielen Erinnerungen und das trauernde Umfeld verlassen.

Einige Kinder versuchen, die Leere und das Fehlen auszugleichen. Sie versuchen, den Erwachsenen Trost zu spenden, im Haushalt zu helfen und so Verantwortung zu übernehmen, welche sie jedoch nicht tragen sollten. Hier sollten Sie eingreifen: Reden Sie mit den Eltern, wie Sie das Kind von dem Gefühl, jemanden ersetzen zu müssen, erleichtern können.

Suizid eines Elternteils

Wenn ein Mensch freiwillig den Tod wählt, er keinen anderen Ausweg sieht, als zu sterben, ist das für alle Beteiligten sehr schwer. Es gibt viele unbeantwortete Fragen. Oft herrschen dann in der Familie auch von Vorwürfen und Zweifeln geprägte Gefühle vor. Hätte man die Verzweiflung nicht bemerken müssen? Hätte man es nicht verhindern können? Aus meiner Erfahrung gibt es bei einem Suizid auch mehr Mutmaßungen und Fragen im sozialen Umfeld. Es wird viel darüber geredet, Spekulationen über die Gründe der Tat werden angestellt und ggf. werden sogar Schuldzuweisungen gemacht.

Schon uns Erwachsenen fällt es schwer, einen Suizid zu verstehen, und Kinder sind hiermit überfordert. Einem Kind einen selbst gewählten Tod eines Familienmitgliedes zu erklären, ist sehr schwer. Versuchen Sie, die Fragen des Kindes ehrlich zu beantworten. Auf die Warum-Frage können Sie ehrlich antworten, dass Sie es nicht wissen.

Gerade wenn ein Elternteil Suizid begeht, ist es wichtig, dem Kind zu vermitteln, dass diese Entscheidung nichts mit ihm zu tun hat. Das Kind kann nichts für den Tod des Elternteils und hätte diesen auch nicht verhindern können.

Vermeiden Sie Wörter wie „Freitod" oder „Selbstmord". „Frei" und „selbst" lassen bei uns und bei Kindern die Frage nach dem Warum entstehen. Das Wort „Selbstmord" beinhaltet dazu noch das Wort „Mord". Dieses wird von Kindern sofort mit etwas Bösem, einer Straftat, der Polizei, dem Gefängnis und anderen Angst einflößenden Wörtern verbunden. Sie sollen ihr verstorbenes Familienmitglied nicht als Täter*in sehen, der*die sie verlassen wollte.

Sie merken, dass gerade Suizidfälle mit viel Achtsamkeit und Behutsamkeit behandelt werden müssen. Dies ist eine erschwerte Situation, die viel Feingefühl bei den Gesprächen und der Weitergabe von Informationen verlangt. In solch einem Fall sind Gespräche mit den Eltern von hoher Bedeutung. Nur so können Sie erfahren, was das Kind über den Suizid weiß und wie die Eltern den Todesfall ihrem Kind erklären wollen/erklärt haben.

Ein spezieller Fall des Suizids ist der sogenannte „erweiterte Suizid", bei dem ein Elternteil sowohl sich selbst als auch seinem Kind oder seinen Kindern das Leben nimmt. Hier handelt es sich also nicht nur um eine Selbsttötung, sondern streng genommen auch um einen Mord. Dies kommt bei Müttern zuweilen durch eine unerkannte Wochenbettdepression vor oder als Verzweiflungstat in schlimmen Sorgerechtsfällen. In allen Fällen haben wir es hier immer mit sehr schlimmen psychischen Leiden zu tun, die dazu führen. Für alle Menschen ist das unbegreiflich, doch für Kinder ist die Vorstellung, dass ein Elternteil seine eigenen Kinder töten könnte, besonders schlimm. Sie sollten bei einem solchen Fall in ihrer Einrichtung auf jeden Fall auf professionelle Unterstützung zurückgreifen.

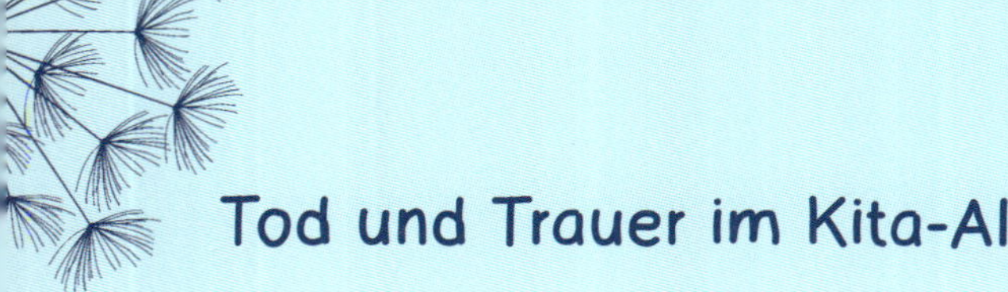

Tod eines Geschwisterkindes

Der Verlust eines Geschwisterkindes hat für Kinder eine große Tragweite. Sie verlieren mit dem Geschwisterchen gleichzeitig eine*n Freund*in, eine*n Weggefährt*in, eine*n Verbündete*n, eine*n Spielpartner*in, eine*n Streitgegner*in und vieles mehr. Geschwister haben eine intensive Bindung zueinander und dieser Verlust ist schwer zu verkraften. Zugleich fühlt sich der Tod eines Geschwisterkindes so viel näher an, da man einfach keine „Ausrede" für den Tod mehr finden kann, in dem man auf das hohe Alter verweist. Nein, der Tod hat ein Kind erwischt und das ist ungerecht und lässt sich nicht schönreden. Dies kann auch für große Angst sorgen.

Erschwerend kommen auch die Hilflosigkeit und der unglaubliche Schmerz der Eltern hinzu. Den Eltern fehlt es an Kraft, Geduld und Ruhe, um für die Kinder eine Stütze zu sein.

Bei den Kindern kann dies unterschiedliche Gefühle auslösen. Manche reagieren sogar mit Eifersucht: „Papa spielt und lacht gar nicht mehr mit mir. Er sitzt nur noch traurig auf der Couch", „Mama kümmert sich nicht richtig um mich und denkt nur noch an Lisa."

Manchmal sagen Kinder Dinge, die uns Erwachsene schockieren und verletzen können. Eine Kollegin erzählte mir von einem Mädchen, das seinen kleinen Bruder durch eine schwere Krankheit verloren hatte. Beim Mittagessen sagte das Mädchen: „Jetzt habe ich Mama und Papa wieder für mich alleine." Ihre Aussage klingt für uns berechnend und unemotional. Aber diese Aussage war keine Wertung des Verlustes und des eigenen Schmerzes, sondern eine Feststellung des Mädchens.

Kinder können auch schon selbstkritische Gedanken haben: „Wenn ich ihn nicht auf das Eis gelassen hätte, wäre er nicht eingebrochen und ertrunken." „Hätte ich lauter um Hilfe gerufen, wäre der Arzt schneller da gewesen und mein Bruder würde noch leben."

Diese Gedanken lösen bei den Kindern Gewissensbisse aus und beschäftigen sie sehr.

Schuldgefühle können bei einem Kind auch aus dem Gefühl heraus entstehen, dass es sich zu oft gestritten hätte oder man gar zuletzt im Streit auseinandergegangen sei.

In diesem Zusammenhang ist es besonders wichtig, dem Kind zu erklären, dass es eben keine Schuld hat, dass es geliebt wurde und dass sein Geschwisterchen glücklich war, so einen tollen Bruder bzw. eine tolle Schwester zu haben. Wenn möglich erzählen Sie von schönen Erinnerungen bzgl. beider Geschwister oder fragen Sie nach dem schönsten Erlebnis, dem schönsten gemeinsamen Spiel, dem Lieblingsbuch etc. Vielleicht können Sie ein genanntes Spiel gemeinsam spielen, das bestimmte Lied singen oder Ähnliches. Dieses gibt dem Kind ein Gefühl von Vertrautheit und hinterlässt ein positives Empfinden!

Wenn ein Geschwisterkind durch einen Unfall stirbt, können die Eltern bei Aktivitäten der Geschwisterkinder ängstlich reagieren. Stirbt ein Geschwisterkind bei einem Fahrradunfall, kann es passieren, dass die Eltern dem Kind das Fahrradfahren verbieten.

Eine Kollegin berichtete mir von einer Familie, in der ein Kind bei einem Badeausflug am See tödlich verunglückte. Die Eltern reagierten in der Folge beim Baden im Planschbecken, bei Ausflügen an den See oder auf einen Wasserspielplatz ängstlich bis panisch und mieden diese Situationen später ganz. Das Kind wurde immer unsicherer und traute sich nicht mehr ans Wasser. Es entwickelte sogar Angst beim Baden in der Badewanne. Aber durch gezielte Förderung und liebevolles Heranführen fing das Kind nach und nach wieder an, mit Wasser zu spielen und Freude beim Planschen zu empfinden. In der Kita wurden Wasserexperimente angeboten, im Sandkasten eine Wasserstraße gebaut und es fanden Ausflüge zu Wasserspielplätzen und in eine Wasserwerkstatt statt.

Diese Erfolgserlebnisse waren für das Kind von großer Bedeutung, aber auch für die Eltern immens wichtig. Auch sie lernten, dem Kind und seinen Fähigkeiten wieder zu vertrauen und etwas loszulassen. Dieses Beispiel macht deutlich, wie wichtig die pädagogische Arbeit sein kann.

Tod und Trauer im Kita-Alltag

Ein weiterer Aspekt ist der Umgang mit dem Kind, wenn ein Geschwisterkind im Sterben liegt. Dann konzentriert sich die Kraft und Fürsorge oft auf das kranke Kind. Dadurch fühlt sich das andere Kind eventuell vernachlässigt und empfindet sich als nicht so wichtig. Wir erwarten in solchen schwierigen Situationen oft unbewusst ein sehr hohes Maß an Verständnis und Selbstständigkeit von dem Geschwisterkind. Dies ist aber eine Überforderung und wir als Erzieher*innen können hier eine große Hilfe sein.

Reden Sie mit dem Kind und erklären Sie, dass Mama und Papa es von ganzem Herzen lieben, aber im Moment das Gefühl haben, sich mehr um das kranke Geschwisterchen kümmern zu müssen. Sie sollten in so einem Fall aber auch die Eltern sanft ansprechen und anregen, dass sie das Kind mehr mit einbeziehen.

Auch in dieser Zeit sollten wir für das Kind immer da sein, es beobachten und ihm ruhig vermehrt Aufmerksamkeit und Zuneigung schenken.

Tod eines Großelternteils

Wenn Oma oder Opa sterben, ist dies oft der erste menschliche Trauerfall, den Kinder erleben.

Hier habe ich in meiner beruflichen Laufbahn unterschiedliche Erfahrungen gemacht. Emma (5 Jahre) hatte ihre Oma verloren. Dies war für sie ein sehr schmerzhafter Verlust. Jeden Donnerstag wurde sie von der Oma abgeholt und hat mit ihr den Nachmittag verbracht. Sie ist mit der Oma im Sommer, während der Kita-Schließzeit, an die Ostsee in Urlaub gefahren, Oma hat ihr immer ihr Lieblingsessen gekocht und ganz viel mit ihr gespielt. Für Emma gehörte Oma zum engsten, vertrauten Familienkreis. Als diese innige Bezugsperson weggefallen ist, hat Emma getrauert. Vor allem die Donnerstage waren für Emma schwere Tage und je näher die Abholzeit rückte, desto trauriger und ruhiger wurde sie. Gerade an diesen Tagen habe ich versucht, sehr für Emma da zu sein. Ich habe ihr zugehört und wir haben „Mensch ärgere dich nicht" mit anderen Kindern gespielt, das war das Lieblingsspiel ihrer Oma. Emma hatte die Idee, ein „Mensch ärgere dich nicht"-Spiel für die Oma zu basteln. Auch wenn Oma beerdigt ist, sollte sie das Spiel bei sich haben. Das war Emmas Wunsch. Also haben die Kita-Kinder, Emma und ich überlegt, wie wir ein Spiel für die Oma basteln könnten. Es sollte auf dem Grab seinen Platz finden und musste somit wetterfest sein. Wir haben einen flachen, großen Stein genommen. Auf diesen haben wir mit Farblack das „Mensch ärgere dich nicht"-Spiel gemalt. Für die Figuren haben wir ebenfalls kleine Steine verwendet und diese mit Farblack in vier Farben bemalt. Emma hat den Würfel aus dem „Mensch ärgere dich nicht"-Spiel von Oma mitgebracht. Gemeinsam sind wir alle auf den Friedhof gegangen und haben das Spiel auf das Grab der Oma gelegt. Dies habe ich im Vorfeld mit den Eltern abgesprochen. Für Emma war dieses Geschenk sehr wichtig. Sie hatte das Gefühl, so noch eine Verbindung zur verstorbenen Oma zu schaffen. Am Grab sagte sie: „So, Oma, jetzt kannst du auch tot weiter ‚Mensch ärgere dich nicht' spielen. Und nicht schummeln, Oma!" Da mussten ihre Freundinnen lachen. Emma erzählte den ganzen Rückweg lustige Erinnerungen von den Oma-Donnerstagen.

Anders war es bei Friedrich (6 Jahre). In der Morgenrunde erzählte er vom Tod seiner Oma: „Meine Oma ist gestern Abend gestorben. Ist aber nicht so schlimm. Sie war alt und krank, das hat meine Mama gesagt." Die anderen Kinder waren neugierig und stellten Fragen zur Oma. Wo wohnt deine Oma? Hat sie auch immer mit dir gespielt? Kann sie singen? Und vieles mehr. Friedrich konnte auf die meisten Fragen nicht antworten und meinte nach einer Weile: „Ich kannte die Oma aus Bayern kaum. Papa hatte mit ihr gestritten und sie nur nach Weihnachten besucht." Friedrich zeigte auch in den folgenden Tagen keine Trauer. Er kannte die Oma nicht und hatte so keine Beziehung zu ihr.

Das heißt, dass die Intensität der Trauer von der Intensität der Beziehung zum Großelternteil abhängt, auch davon, wie stark das Kind daheim die Trauer seiner Eltern erlebt. Ist der Tod der Großeltern ein Thema? Weint Mama oder Papa? Wird viel von den Großeltern und früher erzählt?

Daher ist es wichtig, dass Sie das Gespräch mit den Eltern suchen und sie fragen, wie die Beziehung der Großeltern zu ihrem*r Enkel*in war. So können Sie das Verhalten des Kindes besser einschätzen und auf das Kind und dessen Trauer eingehen.

Ein Familienmitglied liegt im Sterben

Liegt ein Familienmitglied aufgrund eines Unfalls oder einer Krankheit im Sterben, sollten die Eltern dies vor den Kindern nicht verheimlichen. Kinder spüren, dass die Eltern etwas bewegt und sie Sorgen mit sich tragen. Somit führen Verschweigen und Überspielen eher zu einer unangenehmen Stimmung, einer vom Kind wahrgenommenen Heimlichtuerei, die als bedrückend und negativ empfunden werden kann.

Daher ist es immer ratsam, die Situation ehrlich zu erklären, zum Beispiel: „Ich bin heute sehr traurig! Oma geht es nicht gut. Sie ist sehr schwach, musste ins Krankenhaus und liegt im Sterben", „Onkel Klaus hatte einen Autounfall. Er wurde schwer verletzt und liegt im Krankenhaus im Sterben."

Reden Sie mit den Eltern des Kindes. Es ist wichtig, dass diese die Tatsachen benennen! Denn so wird das Kind auf den Trauerfall vorbereitet und lernt auch einen offenen Umgang mit dem Bevorstehenden. Ebenso lernt es, dass über Schicksalsschläge und damit verbundene Gefühle gesprochen wird und wie es sich ausdrücken kann. Wenn die Möglichkeit besteht, kann das Kind auch mit einer Vertrauensperson den im Sterben liegenden Menschen besuchen und so schrittweise Abschied nehmen. Dies sollte natürlich nur geschehen, wenn der*die Kranke nicht zu starke sichtbare Verletzungen hat und das Kind einen Besuch wünscht.
Auch in der Kita können Sie die Kinder auf den bevorstehenden Trauerfall vorbereiten und im Team besprechen, wie das Kind am besten betreut und unterstützt werden kann.

© Hanna Schenck

Todesfall in der Kita

Ein direkter Todesfall in der Kita ist erschütternd. Dies kann sowohl den Tod eines Kindes als auch den Tod eines Mitarbeiters oder einer Mitarbeiterin betreffen. Alles gerät ins Wanken und Sie werden unglaublich gefordert. Gerade bei einem plötzlichen Todesfall verändert sich aus meiner Erfahrung viel. Die Kinder nehmen mehr Rücksicht, Eltern suchen nicht mehr konstruktiv kritische Gespräche, sondern nehmen sich zurück, Erwachsene weinen, Erzieher*innen sind verunsichert und trauern. All diese Reaktionen verändern die gesamte Atmosphäre. Gerade als Erzieher*in erleben Sie nicht nur die Trauer der Kinder: Sie erleben die direkte Trauer der betroffenen Familie, der Sie Ihr Beileid bekunden. Ihre Kolleg*innen trauern und müssen dennoch den Alltag in der Kita bewältigen. Die anderen Eltern trauern, haben Fragen und brauchen manchmal Unterstützung bei dem weiteren Umgang mit den eigenen Kindern, gerade wenn diese eng mit dem verstorbenen Kind befreundet waren.

Da ist es verständlich, dass auch Sie als Erzieher*in und Sie als ganzes Team Zeit brauchen – Zeit zum Trauern, Zeit, um diesen schweren Verlust zu verarbeiten.

Der Todesfall eines Kindes reißt eine Lücke ins Leben aller Anteilnehmenden. Ein Kind bedeutet Leben, Fröhlichkeit, Zukunft und Hoffnung!

Vor allem die Eltern des Kindes verlieren einen Teil ihrer selbst. Meine Mutter sagte immer: „Menschen gehen dir von der Seite, aber ein Kind verlierst du aus deinem Herzen.“ Ich finde diesen Spruch sehr passend. Die Liebe zum eigenen Kind ist einfach eine bedingungslose, unglaubliche Liebe. Man will das Kind beschützen, es halten, ihm jeglichen Schmerz ersparen. Man will erleben, wie es aufwächst, die ersten Schritte macht, den ersten Schultag, die erste Liebe … Und all dies wird jetzt nicht sein.
Menschen zu begegnen, die solch einen Schmerz erleben, ist sehr schwer. Wir sind selbst verunsichert und wissen nicht, wie wir den Eltern gegenübertreten sollen.

Im folgenden Kapitel möchten wir Ihnen ganz akute Hilfen geben, wie Sie sich verhalten können, wenn ein Todesfall in Ihrer Kita aufgetreten ist. Überwiegend gehen wir dabei von dem Todesfall eines Kindes aus, selbstverständlich können Sie die folgenden Seiten aber genauso nutzen, wenn ein*e Erzieher*in oder der Koch oder die Köchin verstorben ist.

Die Kolleg*innen informieren

Bei einem Todesfall eines Kindes in der Kita wird von den Erzieher*innen ein hohes Maß an Professionalität gefordert, trotz der eigenen Betroffenheit.

Als Erstes sollten Sie alle Erzieher*innen und Mitarbeiter*innen in der Kita informieren. Auch Kolleg*innen, die sich aktuell nicht in der Kita befinden, sollten informiert werden, da auch sie dieser Trauerfall betrifft. Geben Sie nur Fakten weiter, die die Privatsphäre der Familie nicht verletzen. Versuchen Sie, auf keinen Fall irgendwelchen Gerüchten Raum zu geben.

Überlegen Sie im Team, wer von dem Todesfall besonders betroffen ist. Wer gehört zum Freundeskreis des verstorbenen Kindes? Hat es Geschwisterkinder, die in die Kita kommen? Die Eltern der Freundeskinder? Die*der Lieblingserzieher*in? Wer ist die nächste Bezugsperson und kann sich mehr Zeit für Gespräche nehmen und die Trauernden auffangen? Informiert jede*r Erzieher*in die Eltern seiner*ihrer Bezugskinder oder übernimmt dies die Leitung und spricht die Eltern an?

Sie sollten dann besprechen, welche Informationen Sie an die anderen Eltern weitergeben wollen und im Rahmen des Datenschutzes dürfen. Dies bedeutet, dass Sie für schriftliche Informationen an die anderen Eltern und Mitarbeiter*innen eine schriftliche Genehmigung der Eltern benötigen. Bevor Sie also zum Beispiel einen Elternbrief an die Eltern der Kindertagesstätte aushändigen, sollten Sie diesen mit der betroffenen Familie besprechen. Fragen Sie auch nach, ob es erlaubt bzw. erwünscht ist, Termine der Trauerfeier und Beerdigung weiterzugeben.

Als Team sollten sie sich auch fragen, ob Sie einen Elternabend durchführen wollen. Besprechen Sie auch dies selbstverständlich mit der betroffenen Familie.

Die Eltern sollten auf jeden Fall informiert werden, dass und wie das Geschehene in der Kita mit den Kindern besprochen und aufgearbeitet wird.

Die Kinder informieren

Der nächste schwere Schritt ist es, die Kinder zu informieren und mit ihnen in Ruhe ins Gespräch zu kommen, um zu erklären, was passiert ist.

Hierfür sollten Sie einen ruhigen Raum schaffen, der nicht gestört wird. Überlegen Sie, ob Sie alle Kinder und Erzieher*innen im Kreis versammeln oder ob Sie es in den einzelnen Gruppen machen.

Genau wie bei den Eltern sollten Sie darauf achten, dass keine Gerüchte entstehen. Einige Kinder haben vielleicht schon etwas von ihren Eltern erfahren, ein Gespräch zwischen Erzieher*in und Eltern mitbekommen und wieder andere wissen noch gar nicht, was passiert ist.

Sagen Sie, was passiert ist, lassen Sie Fragen zu und versuchen Sie, diese altersentsprechend zu beantworten. Wenn Sie weinen müssen, können Sie Tränen zulassen und Emotionen zeigen.

So erleben die Kinder Sie als mitfühlende*n Erwachsene*n. Sie sollten aber Ihre Professionalität nicht verlieren und trotzdem in der Lage sein, für die Kinder als Ansprechpartner*in und Trostspender*in da zu sein. Wenn dies nicht geht, holen Sie eine Kollegin oder einen Kollegen hinzu, verlassen Sie die Runde und sammeln Sie sich in Ruhe, bevor Sie in den Kreis zurückkehren.

Wenn sich die Gespräche dem Ende neigen, können Sie gemeinsam überlegen, was Sie tun können, um des verstorbenen Kindes zu gedenken. Wollen Sie einen Erinnerungstisch einrichten, ein Lied singen oder das Lieblingskreisspiel des verstorbenen Kindes spielen? Viele konkrete Anregungen finden Sie ab S. 41.

Wichtig ist es, die Runde mit einem gemeinsamen Ritual zu beenden, alle Kinder sollen die Gemeinschaft erleben und spüren, dass sie mit ihren Gefühlen und Gedanken nicht allein sind. Da ich in einer christlichen Kita tätig bin, würde ich dies mit dem Entzünden einer Kerze und einem Gebet tun. Aber Sie können sich auch einfach an den Händen fassen und ein paar Worte sagen oder ein Lied singen.

Wenn Sie die Gruppe auflösen, lassen Sie den Kindern Raum und Zeit. Starten Sie nicht in den Alltag und bieten das für heute geplante Angebot an. Einige Kinder werden noch das Gespräch suchen, andere ihre Gedanken und Gefühle kreativ in einem Bild ausdrücken und andere werden zu ihrem täglichen Spiel mit den Freund*innen übergehen. All diese Reaktionen sind erlaubt und Sie sollten diese begleiten.

Eine Möglichkeit, dieses Gespräch zu führen, wäre wie folgt:

Bilden Sie mit den Kindern einen Stuhlkreis. Lassen Sie die Mitte des Kreises vorerst leer – so leer, wie die Lücke, die durch den Verlust des Kindes entstanden ist. Lassen Sie die Kinder zur Ruhe kommen und beginnen Sie dann das Gespräch. Erklären Sie mit einfachen Worten in Ruhe, was geschehen ist. Sie können auch das Passierte und den Grund des Todesfalles noch etwas erklären, sollten aber nicht zu sehr ins Detail gehen.

Lassen Sie eventuelle Fragen der Kinder zu.

Wenn das Gespräch sich etwas beruhigt, legen Sie in die Mitte des Kreises ein Tuch und darauf das Foto des Kindes. Das Tuch kann weiß sein oder die Lieblingsfarbe des verstorbenen Kindes haben. Ich finde es schöner, ein helles, reines Tuch zu wählen. Die Trauer bringt schon genügend Dunkelheit mit sich und wir wollen das Kind so fröhlich in Erinnerung behalten, wie es war.

Fragen Sie die Kinder, was sie an das verstorbene Kind erinnert.

Die Kinder können Gegenstände, Spielzeug oder Ähnliches holen und zu dem Foto legen. Sie können auch LED-Kerzen auf das Tuch stellen und so eine „andächtige“ Stimmung schaffen.

Vielleicht hatte das Kind auch ein Lieblingslied, welches Sie mit den Kindern singen können. Wenn Sie den Kindern genügend Zeit gegeben haben, bitten Sie alle, sich wieder zu setzen. Sie können sich wieder auf die Stühle setzen oder auch direkt um den bunt gestalteten Erinnerungskreis in der Mitte. Betrachten Sie gemeinsam die Mitte des Kreises: Was sehen Sie? Erzählen Sie kurz etwas über das verstorbene Kind.

„Max hat den gelben Zug in die Mitte gelegt. Du hast mit Moritz immer Eisenbahn gespielt, daran erinnere ich mich auch gerne. Und da liegt das Buch vom ‚Grüffelo‘. Moritz hat es sehr gern gehabt und konnte immer so lustig die Grüffelostimme nachmachen …“

Sagen Sie auch, dass Sie sehr traurig sind und das verstorbene Kind nie vergessen werden. Geben Sie den Kindern noch einen Moment. Schweigen Sie und lassen Sie die Kinder an das verstorbene Kind denken. Fassen Sie sich einmal alle an den Händen und dann lösen Sie den Kreis langsam auf. So vermitteln Sie den Kindern, dass sie nicht allein sind. Sie trauern alle und finden Halt in der Kita, Sie sind füreinander da.

Fotografieren Sie die Kreismitte. Das Bild können Sie für den Elternabend oder aber auch eine Kondolenzkarte nutzen.

Der Familie das Beileid aussprechen

Eine wichtige Aufgabe ist es, der trauernden Familie das Beileid auszusprechen. Dies sollte am besten die Kita-Leitung oder der*die Bezugserzieher*in übernehmen. Meine Erfahrung ist, dass es wichtig ist, die trauernden Eltern zu kontaktieren. Häufig scheuen wir uns davor, Kontakt aufzunehmen, aus der eigenen Unsicherheit und Betroffenheit heraus. Aber dieser Schritt ist für die Familie und auch für Sie und die Kita wichtig. Bei der Begegnung mit den Trauernden sollten Sie ehrlich und authentisch sein. Sie müssen nicht Ihre Gefühle unterdrücken und falsche Stärke zeigen. Ihre Tränen und Gefühle und Ihre Beileidsbekundung zeigen, wie wichtig Ihnen das Kind war, was es ihnen bedeutet. Sie müssen nicht viele Worte finden und die „richtigen Worte" gibt es in solch einer Situation nicht. Sagen Sie, wie leid es Ihnen tut, und Sie können auch ruhig sagen, dass Ihnen die Worte fehlen.

Familien reagieren ganz unterschiedlich. Einige meiden den Kontakt zur Kita, da er einfach zu schmerzhaft ist. Andere Familien suchen den Kontakt, da er schöne Erinnerungen und das Gefühl, dem verstorbenen Kind irgendwie etwas näher zu sein, mit sich bringt. Beide Reaktionen sollten Sie akzeptieren und zulassen.

Wie geht es in den ersten Tagen weiter?

Planen Sie die kommenden Kita-Tage. Gibt es Aktivitäten und Termine, die abgesagt werden müssen, zum Beispiel der Zahnarzt, Ausflüge ...? Welche Angebote sollen stattfinden? Wollen Sie mit den Kindern Grabschmuck basteln und später das Grab besuchen? Wollen Sie mit den Kindern eine Karte für die trauernde Familie gestalten?

In den kommenden Tagen sollten Sie als Team noch enger zusammenarbeiten. Tauschen Sie sich noch reger aus. In jedem Fall sollten Sie nach ein paar Tagen eine Teambesprechung halten. Vielleicht wollen Sie für diese auch eine*n Notfallseelsorger*in einladen. Diese*r wird auf Ihre Fragen antworten und mit Ihnen über den Trauerfall sprechen. Es kann sehr hilfreich sein, wenn jemand von außen hinzugezogen wird.

In dieser Besprechung sollten Sie noch einmal die letzten Tage reflektieren: Haben Sie Probleme in den Gruppen festgestellt? Wo sind Sie an Ihre Grenzen gestoßen? Wie soll es jetzt weitergehen und wer braucht was? Überlegen Sie mit den Kolleg*innen, wie die weitere Planung und Gestaltung des Kita-Alltags aussieht.

Wollen Sie sich als Kita an der Abschiedsfeier beteiligen, einen Grabschmuck mit den Kindern anfertigen, einen Ausflug zum Grab machen? Wie lange wird der Erinnerungstisch noch stehen bleiben, brauchen Sie professionelle Hilfe von außen? Wenn Sie beschlossen haben, einen Elternabend durchzuführen, können Sie diesen ebenfalls planen und den Umgang mit den Eltern besprechen.

Kontakt mit den Eltern

Die anderen Eltern sind betroffen und trauern ebenfalls. Bei ihnen können Sorgen und Ängste um die eigenen Kinder entstehen, die vorher nicht so stark waren. Hier sind Sie als pädagogische Fachkräfte ebenfalls sehr wichtig. Seien Sie ansprechbar und geben Sie Ratschläge.

Sehr gut ist es, wenn Sie einen Elternbrief verfassen. Dieser sollte natürlich einfühlsam sein und auch Ihre eigene Betroffenheit als Team, als Erzieher*in widerspiegeln. Geben Sie eine kurze, auf Fakten basierende Information zu dem Trauerfall, die dem Rahmen des Datenschutzes entspricht.

Erklären Sie, dass Sie die Kinder in der Kita begleiten werden und die Trauerarbeit in den Kita-Alltag einfließen wird. Schreiben Sie auch, dass Sie als Team für die Eltern als Ansprechpartner*innen zur Verfügung stehen, Sie beraten werden und gerne Fragen beantworten.

Vergessen Sie nicht, eventuelle Termine zu erwähnen, zum Beispiel den des Elternabends und – sofern mit den Eltern abgesprochen – auch den der Beisetzung.

Der Elternabend muss gut geplant werden

Überlegen Sie gemeinsam, ob Sie Fachpersonal von einer Trauerstelle oder eine*n Notfallseelsorger*in einladen wollen. Diese*r kann die sicherlich vielen Fragen der Eltern beantworten, hat viel Erfahrung und kann auch auf die Trauer der Eltern kompetent eingehen.

Sie müssen Ihre eigene Trauer auch hier nicht komplett verbergen, sollten aber in der Lage sein, ruhig auf Fragen zu antworten und den Elternabend zu leiten.

Ein wichtiger Punkt an diesem Abend ist, die Eltern zu informieren, wie Sie mit den Kindern über den Trauerfall reden und wie das Thema in Ihre Arbeit einfließt. Vielleicht können Sie auch schon von Gesprächen mit den Kindern berichten oder von durchgeführten Angeboten erzählen.

Das Einbeziehen der Eltern ist ratsam. Auch diese sind von Trauer erfüllt und das Gefühl, etwas tun zu können, ist oft sehr hilfreich. Die Elternvertreter*innen könnten zum Beispiel mit anderen Eltern die Beileidskarte gestalten, einen Grabschmuck bestellen oder selbst anfertigen oder etwas zum Erinnerungstisch beitragen.

Es gibt hier viele Möglichkeiten, wie Sie die Eltern mit einbeziehen können:

- Informieren Sie die Eltern über Fakten.
- Lassen Sie Raum für Erzählungen und Fragen, aber sorgen Sie dafür, dass keine Gerüchte entstehen oder verbreitet werden.
- Geben Sie den Eltern Hilfestellung, wie sie mit ihren Kindern reden können.
- Erzählen Sie den Eltern davon, wie das Thema die Kinder im Kindergarten bisher beeinflusst und inwieweit das Thema in Ihre Arbeit einfließen wird.
- Überlegen Sie gemeinsam mit den Eltern, was Sie tun können und wer welche Aufgaben übernimmt.
- Bieten Sie auch im Elternabend einen Rahmen für Trauer – stellen Sie eine Kerze auf und beginnen oder schließen Sie den Abend mit einem Lied oder einem Gebet.

Trauerfeier im Kindergarten

Überlegen Sie, ob Sie selbst eine Trauerfeier organisieren möchten. Dies kann für die Kinder ein schönes Ritual sein, denn bei einer privaten Trauerfeier oder Beerdigung werden vermutlich nicht alle eingeladen werden. Auch viele Eltern oder andere Kontaktpersonen werden sich freuen, wenn sie zu der Trauerfeier eingeladen werden. Sie bietet die Möglichkeit zum Austausch, zum Abschied, zum Weinen und zum Erinnern.

In einem SOS-Kinderdorf ist eine Erzieherin gestorben, die sich eine Seebestattung gewünscht hatte. Die anderen Erzieherinnen und der Seelsorger haben dies mit den Kindern besprochen und ihnen erklärt, was eine Einäscherung ist und dass die Asche auf dem Wasser zerstreut wird. Für die Trauerfeier haben die Kinder kleine Bötchen gefaltet, die sie selber bemalt und mit ihrem Namen versehen haben. Zum Teil hatten die Kinder den Erzieherinnen gute Wünsche diktiert, diese dort noch mit aufgeschrieben haben. Die Einfachheit der kindlichen Gedanken hat mich dabei fasziniert. „Tschüss!“ oder „Mach’s gut!“ war häufig zu lesen. Wenn das der Gedanke ist, den die Kinder ausdrücken möchten, müssen wir es mit unserem erwachsenen Denken nicht komplizierter machen, als es ist. Im Rahmen der Trauerfeier haben die Kinder diese Bötchen dann alle zu Wasser gelassen und gesagt, dass die Wünsche sich auf diese Weise wieder mit ihrer verstorbenen Erzieherin verbinden werden.

Betreiben Sie für die Trauerfeier nicht zu viel Aufwand, denn die Trauer steht im Vordergrund und auch Sie sollten sich nun nicht mit zu viel Organisationsaufwand belasten. Es ist schön, wenn Sie einen feierlichen und besinnlichen Rahmen kreieren.

Mögliche Ideen:

- Geben Sie jedem Kind ein Teelicht (wenn Sie Bedenken haben, nehmen Sie ein elektronisches) in einem Windlicht. Neben dem feierlichen, schönen Aspekt gibt es den Kindern etwas, woran sie sich während der kleinen Abschiedszeremonie festhalten können.
- Singen Sie. Ein gemeinsames Lied tut immer gut.
- Überlegen Sie, wer spricht. Wenn Sie eine konfessionelle Einrichtung sind, wird vermutlich ein*e Geistliche*r sprechen. Wenn nicht, überlegen Sie, wer aus dem Team gut Worte findet und emotional genug Abstand hat, um diese Rolle zu übernehmen. Wobei der*die Redner*in selbst auch durchaus seine*ihre Emotionen zeigen darf!
- Vielleicht möchten auch mehrere Personen sprechen, bieten Sie den Kolleg*innen die Möglichkeit, dass jede*r eigene Worte sagt oder vielleicht einen fertigen Brief vorliest (das ist oft einfacher, als in dieser Situation frei zu sprechen).
- Stellen Sie eine Stellwand mit Bildern auf – dies können Fotos sein und selbst gemalte Bilder der Kinder, versehen mit Wünschen und Abschiedssätzen. Erwachsene freuen sich über ein Kondolenzbuch, in das sie sich eintragen können.
- Stellen Sie sicher, dass genug zu trinken für alle da ist und etwas zu essen. Niemand muss sich den Bauch vollschlagen, aber bei einem gemeinsamen Stück Kuchen kann man sich gut unterhalten und auch hier gilt: Es gibt einem etwas, woran man sich festhalten kann.
- Halten Sie Taschentücher bereit.

Konkrete Angebote bei Todesfällen

Neben den vielen Dingen, die sowohl zwischenmenschlich als auch organisatorisch zu beachten sind, gibt es natürlich auch ganz konkrete Angebote, die Sie mit den Kindern bei einem Todesfall im Umfeld der Kita durchführen können. Ich hoffe, dass Sie bei diesen Vorschlägen etwas Geeignetes finden, was Sie mit Ihren Kindern umsetzen können.

Kondolenzkarte gestalten

Als Kita sollten Sie eine Kondolenzkarte für die trauernde Familie gestalten. Diese kann zum Beispiel mit dem Foto aus der Morgenrunde geschehen, einem Gruppenbild oder aber mit einer gebastelten Karte. Hier eignen sich die Fingerabdrücke der Kinder sehr gut. Zum Beispiel können Sie aus den Fingerabdrücken einen Regenbogen, das Symbol der Kita-Gruppe oder Ähnliches stempeln. Sie können auch ein Gemeinschaftsbild gestalten, auf dem jede*r ein kleines Bild zeichnen darf oder einen bunten Handabdruck hinterlässt.
Schön ist auch, wenn die Kinder jeweils einen Gegenstand, eine Farbe, eine kleine Situation zeichnen, die sie an das verstorbene Kind oder die*den verstorbene*n Erzieher*in erinnern.

Es ist übrigens immer schöner, wenn Sie die Karte persönlich überreichen!

Grabbeilagen

Wenn Sie mit einigen Kindern zur Beerdigung gehen, können Sie im Vorfeld Grabbeilagen anfertigen. So können die Kinder einen persönlichen Abschiedsgruß für das verstorbene Kind oder den*die verstorbene*n Erzieher*in basteln und sich mit dem Verlust und der Trauer auseinandersetzen.

Bei der Beerdigung selbst ist das auch hilfreich: Etwas in der Hand zu halten, gibt Sicherheit und der verstorbenen Person etwas zu schenken, schafft eine Verbindung und einen persönlicheren Abschied. Die Grabbeilagen sollten aus vergänglichen Materialien gefertigt werden. Dies können zum Beispiel kleine Papierblumen, Papierherzen, Papiersterne oder Ähnliches sein. Natürlich können auch noch ein paar Zeilen als kleiner Abschied darauf festgehalten werden.

Grabschmuck

Bei dem Verlust eines Kindes oder eines Erziehers bzw. eine Erzieherin aus der Kita kann man ein paar Tage nach der Beerdigung mit den Kindern das Grab besuchen gehen.
Hier ist es schön, einen Grabschmuck mitzunehmen und diesen gemeinsam am Grab abzulegen.

Beispiele hierfür sind:

- eine Pflanzenschale, mit schönen Steinen verziert
- ein selbst gestaltetes und bemaltes Windrad
- ein aus Gips gegossener und bemalter Engel
- mit Symbolen bemalte Steine (Beispiel: Ging das Kind in die Blumengruppe, könnten Blumen auf die Steine gemalt werden)
- eine Schale mit selbst ausgesäten Blumen

© Richard P Long – Shutterstock.com

Erinnerungstisch

Gestalten Sie einen Tisch in der Kita als Erinnerung für das verstorbene Kind oder den*die verstorbene*n Erzieher*in. Auf diesem Tisch können die Kinder, Erzieher*innen und Eltern Erinnerungsstücke, Lieblingsspielzeuge, gebastelte Karten, gemalte Bilder und vieles mehr ablegen. Solange die Kinder Interesse an dem Tisch haben, ihn anschauen, durch ihn ins Gespräch über den*die Verstorbene*n kommen, sollten Sie ihn stehen lassen.

Nach einiger Zeit können Sie ihn gemeinsam mit den Kindern abbauen. Bilder, Karten und andere gebastelte Sachen können Sie zum Beispiel den Eltern des verstorbenen Kindes geben. Oder Sie sammeln diese in einer Erinnerungskiste, die in der Kita aufbewahrt wird (siehe nächster Punkt).

Erinnerungskiste

Dies kann ein Karton sein, den Sie gemeinsam mit den Kindern gestalten. In dieser Kiste kann alles aufbewahrt werden, was an den*die Verstorbene*n erinnert. Dies können Spielsachen, Lieblingsbücher, gemalte Bilder, Karten und vieles mehr sein. Die Kinder können auch weiterhin Bilder für den*die Verstorbene*n zeichnen und diese in der Kiste verwahren.

Erinnerungsbaum/Blume

Hierfür wird ebenfalls eine Wand in der Kita genutzt. An diese wird ein Baumstamm mit Ästen oder ein Blütenstiel befestigt. Diese kahle Pflanze erinnert an den Tod, an die Vergänglichkeit. Aber wir können auch diese traurige, kahle Zeit mit Gedanken, Erinnerungen und Gefühlen füllen. Hierzu werden Blätter für den Baum oder Blütenblätter für die Blume gebastelt. Auf diesen können die Kinder ihre Gefühle kreativ gestalten und den Baum so mit Erinnerungen füllen. Auch diese Erinnerungsstelle soll zum Verweilen einladen.

Erinnerungswand

Eine Wand in der Kita oder ein Teil einer Wand wird ausgewählt und darf mit gemalten Bildern, Karten und anderen Bastelarbeiten geschmückt werden. Diese sollen an den*die Verstorbene*n erinnern und/oder die Gefühle der Kinder ausdrücken. Die Wand ist für alle zugänglich und soll die Möglichkeit bieten, ins Gespräch und/oder zur Ruhe zu kommen. Man kann diesen Platz in der Kita auch für Gedenkminuten, Gebete oder Ähnliches verwenden. Wenn Sie eine Stellwand nutzen, können Sie diese im Alltag im Flur stehen haben, wo auch die Eltern vorbeikommen, und für Andachten oder Ähnliches mit in den Gruppenraum nehmen.

Mobile basteln

Am Mobile sollen ebenfalls Erinnerungen, Gedanken und Gefühle Platz finden. Hier sind der Fantasie keine Grenzen gesetzt. Es kann aus Papier, Moosgummi, Naturmaterialien und vielem mehr gebastelt werden.

Zum Beispiel hat Lara (5 Jahre) ganz viele kleine Enten aus Papier und Bastelfedern gebastelt. Diese haben sie immer an ihre verstorbene Freundin Helene erinnert, mit der sie so gern am Ententeich war.

Erinnerungsbaum pflanzen

Sie können mit den Kindern im Garten der Kita einen Baum oder einen Strauch als Erinnerung pflanzen. Dies kann ein sehr schöner Weg sein, Abschied zu nehmen und etwas Neues wachsen zu lassen.

Ich habe mit einer Kita-Gruppe einen Himbeerstrauch gepflanzt. Helene war an einer schweren Krankheit verstorben und ihr Lieblingsessen waren Himbeeren. Dieser Strauch hat auch noch viele Jahre später an Helene erinnert, da von einer Kita-Generation zur nächsten von Helene und den Himbeeren berichtet wurde. Ich empfand dies als sehr schön, da es eine dauerhafte Erinnerung war.

Luftballons

Sie können mit den Kindern Luftballons mit Gas füllen und an ihnen Karten mit Bildern befestigen. Diese Karten sollten die Kinder im Vorfeld anfertigen und einen Abschiedsgruß an das verstorbene Kind darstellen. Die Luftballons lassen sie dann mit den Karten fliegen. Sie können aber auch nur die Luftballons steigen lassen und dabei vielleicht ein Lieblingslied des verstorbenen Kindes singen.

Bei einer Beerdigung eines kleinen Jungen hat die Mutter Luftballons an alle Trauergäste verteilt. Diese wurden am Grab steigen gelassen. Das war ein sehr schöner, emotionaler Moment. Er symbolisierte, wieviel Farbe der Junge, trotz seines kurzen Lebens, auf die Welt gebracht hat. Und der Moment symbolisierte auch Loslassen, Gehenlassen, Abschied.

Bedenken Sie bei dieser Variante allerdings, dass es inzwischen einiges an Kritik am Steigenlassen von Luftballons gibt: Wenn Sie also selber ökologische Bedenken haben oder befürchten, dass dies in der Elternschaft nicht gut ankommt, sollten Sie vielleicht einen anderen Weg suchen.

Erinnerungstuch

Von den Kindern kann ein großes Tuch bemalt werden. Symbole, Farben, Bilder und Formen können die Gefühle und Gedanken der Kinder ausdrücken. Das Tuch kann auch für ein paar Tage zugänglich im Raum liegen und die Kinder können, wenn ihnen danach ist, das Tuch weiter bemalen. So entsteht ein schönes, buntes Tuch, das sehr viel ausdrückt. Dieses Tuch kann der trauernden Familie überreicht oder in der Kita aufgehängt werden oder es findet seinen Platz in der Erinnerungskiste.

Erinnerungsweg

Auch dieses Angebot soll helfen, Gefühlen Ausdruck zu verleihen. Es werden Fußspuren gebastelt und diese auf kreative Weise mit Erinnerungen und Gefühlen gefüllt. Die Fußspuren können im Flur auf dem Weg zu dem Gruppenraum des verstorbenen Kindes führen, an der Wand entlang oder sie finden einen anderen geeigneten Platz in der Kita.

Die Trauer im Kita-Alltag

Trauer ist ein großes Gefühl und besonders im Zusammenhang mit dem Tod eine überwältigende Erfahrung. In der Regel machen wir vor der ersten schmerzlichen Erfahrung mit dem Tod bereits viele Erfahrungen mit Trauer. Dies beginnt mit kleinen Abschieden und Verzicht im Kindesalter. Abschied zu erfahren und den Umgang mit diesem zu erlernen, ist somit eine wichtige Erfahrung für Kinder und bereitet sie gewissermaßen auch auf „große" Trauer vor.

Sich von jemandem zu verabschieden, ist eine emotionale Situation, die oft mit viel Traurigkeit und Schmerz verbunden ist. Ich denke, dieses Gefühl kennt jeder von uns. Wenn wir uns von einem geliebten Menschen verabschieden und wissen, dass man sich lange nicht wiedersehen wird, kommen diese Gefühle zum Ausdruck: durch Tränen, Magenschmerzen, den sprichwörtlichen Kloß im Hals und emotionale Worte. Mit dieser Welle an Emotionen umzugehen, ist nicht leicht, aber im Laufe des Lebens lernen wir es. Dieses Lernen, diese Erfahrungen sind auch wichtig für die Trauerverarbeitung.

Dabei ist es von großer Bedeutung, dass Abschiede sensibel begleitet werden und den Kindern geholfen wird, Gefühle wahrzunehmen und auch zu verbalisieren. Im Idealfall lernen Kinder so, ihre Gefühle auszudrücken, finden heraus, was ihnen bei Trauer hilft, und machen die wichtige Erfahrung, dass der Schmerz irgendwann auch wieder nachlässt.

Tod im Alltag erleben

Bei einem Elternabend waren einige Eltern entrüstet, dass ich mit den Kindern zum Thema Trauer und Tod ein Projekt plane. Da habe ich die Eltern gefragt: „Wie gehen Sie mit dem Thema Tod und Trauer um, wenn Ihr Kind im Alltag damit konfrontiert wird?"

Darauf folgten verwunderte Blicke und die Frage, ob ich einen persönlichen Trauerfall meine. Nein! Es geht um den Tod, den die Kinder häufig erleben und auch registrieren. Wie oft finden die Kinder ein totes Insekt? Eine verwelkte Blume? Einen toten Fisch am See? Das Stück Fleisch auf dem Mittagsteller und der Besuch beim Fleischer! Haben Sie nicht schon einmal gesagt: „Schatz, schlag die Mücke tot!"?

Auch wenn es von uns nicht bewusst registriert wird, begegnet uns das Thema sehr häufig. Und all diese Momente sind es wert, aufgegriffen zu werden und unsere Kinder auf Trauer vorzubereiten.

Das bedeutet, dass Sie auf Ihre Sprache achten und Fragen beantworten. Registrieren Sie den Fund eines toten Tieres bewusst. Wie gehen Sie mit der Situation um? Wollen Sie den Käfer beerdigen? Nehmen Sie die Trauer ernst. Jana (2,5 Jahre) hatte ihr Lieblingskuscheltier verloren. Der Verlust war für Jana unglaublich schwer. Sie hat getrauert! Das Kuscheltier war immer bei ihr. Ein sicherer Begleiter, ein Freund, der immer da war. Und jetzt, ohne diesen, erschien ihr vieles schwerer. Sie fühlte sich allein und trauerte um ihren Freund. Auch in solchen Situationen muss man die Kinder ernst nehmen und für sie da sein. Reden Sie über Trauer, verbalisieren Sie diese. Geben Sie ihr Raum und einen Platz im Leben. Dies gilt nicht erst, wenn es einen Todesfall gibt. Dies gilt schon lange vorher für den „Abschied im Kleinen" – deswegen finden Sie hier Anregungen für bewusste Auseinandersetzung mit Abschied und Trauer im Alltag.

Abschied von der Kita und den Vorschulkindern

Der Beginn eines neuen Kita-Jahres bringt Abschied und Neuanfang mit sich. Die großen Kinder, also auch Freund*innen und Wegbegleiter*innen, verlassen die Kita. Alte, vertraute Strukturen in der Kindergemeinschaft brechen auseinander. Der Abschied untereinander ist wichtig und für die baldigen Schulkinder ist der Abschied von der Kita auch mit vielen Gefühlen verbunden. Verlust und Vorfreude prägen diesen Übergang.

Meist ist das Sommerfest der Moment des offiziellen Abschieds. Lassen Sie die Kinder bei den Vorbereitungen mitwirken. Die Kinder können Dekorationen basteln, überlegen, was alles benötigt wird, ein kleines Programm einstudieren, den Garten für die Feier aufräumen, kleine Geschenke für die Vorschulkinder basteln und vieles mehr.

Hilfreich ist es auch, Gespräche zu führen und Erinnerungen zu teilen. Gestalten Sie ein Gemeinschaftsbild, auf welchem die Vorschulkinder ihre schönsten Momente in der Kita verewigen.

Gehen Sie mit den Vorschulkindern bewusst durch die Kita und machen Sie Fotos von den Lieblingsplätzen, den Freund*innen und dem Lieblingsspielzeug. Die Kinder freuen sich über Fotos und Erinnerungen zum Mitnehmen. Ein kleines Fotoalbum und die Bildermappe sind wichtige persönliche Andenken und erleichtern den Abschied.

Abschied einer pädagogischen Fachkraft aus der Kita

Wenn eine Kollegin oder ein Kollege die Kita verlässt, ist vor allem für die Bezugskinder, aber auch für alle anderen, der Abschied sehr wichtig.

Für die Kinder ist diese Situation mit vielen verschiedenen Emotionen verbunden. Traurigkeit über den Abschied, Freude über die erlebte gemeinsame Zeit, Dankbarkeit für die Nähe und Zuwendung. Diese Emotionen sollten beim Abschied ihren Platz finden. Dieser Abschied besteht nicht nur aus dem letzten Arbeitstag der Kollegin oder des Kollegen, sondern ist ein Prozess, der stattfindet. Die Kinder sollten hierüber informiert werden, sodass sie sich darauf vorbereiten können und sich mit dem Verlust dieser Bezugsperson aus ihrem Alltag befassen können. Einige Kinder suchen noch vermehrt die Nähe, andere lösen sich schon langsam. Jedes Kind geht, genau wie mit Trauer, unterschiedlich mit der Situation um.

Somit sollten die Kinder auf die Situation vorbereitet werden und derBetreffende in einem passenden Rahmen verabschiedet werden. Hier bietet sich die Morgenrunde an.

Die Kinder können Lieder singen und die Kollegin oder der Kollege kann sich ein paar Spiele wünschen. Schön ist es auch, wenn sie/er eine Kleinigkeit mitbringt, einen großen, bunten Obstteller, ein paar Süßigkeiten, ein Eis oder etwas Ähnliches.

Die Kinder freuen sich, wenn sie dem*der Erzieher*in etwas schenken können. Als Kolleg*innen können Sie mit den Kindern Bilder malen, lustige Fotos machen, ein Gemeinschaftsbild mit Fingerabdrücken schaffen und vieles mehr. Nett ist es auch, wenn jedes Kind eine Blume mitbringt und diese überreichen darf. So entsteht ein fröhlicher, individueller Blumenstrauß, genau wie die Kinderschar, die ihn überreicht hat.

Buchtipps

Das Lesen und Vorlesen hat viele positive Auswirkungen auf unsere kognitive, soziale und emotionale Entwicklung. Dies gilt auch bei der Trauerarbeit. Durch Bücher können die Kinder erste Erfahrungen mit dem Thema Trauer sammeln. Sie erlernen neue Wörter und Ausdrucksmöglichkeiten.

Sie haben über Bücher die Möglichkeit, mit den Kindern ins Gespräch zu kommen und über die Geschichte zu sprechen. Auch Kindern fällt es oft leichter, über eine Figur, zu der sie eine Distanz haben, zu reden.

In vielen Büchern kommen der Tod oder der Verlust einer wichtigen Person vor. Die klassischen Märchen sind hier ein gutes Beispiel. In vielen Märchen stirbt am Ende der „Bösewicht". Wie bei Rotkäppchen der Wolf, bei Hänsel und Gretel die Hexe, bei den sieben Geißlein ebenfalls der Wolf ... Eines meiner Lieblingsmärchen war von Hans Christian Andersen „Das Mädchen mit den Schwefelhölzern". Hier kommt die tote Großmutter vor und am Ende stirbt auch das Mädchen. Ich habe dieses Märchen geliebt. Obwohl es so traurig ist, hatte es für mich immer etwas Hoffnungsvolles und Gutes. Das kleine, frierende Mädchen wollte zu seiner toten Großmutter und war dann von Hunger und Kälte befreit und nur von Licht erfüllt. Meine Kinder lesen derzeit mit Begeisterung „Harry Potter"; auch hier begegnen sie dem Tod und dem Verlust wichtiger, guter Personen.

Durch Bücher können wir gut mit den Kindern ins Gespräch kommen oder durch gezielte Kinderbücher das Thema Tod und Trauer vertiefen.

Im Folgenden möchte ich Ihnen einige Beispiele nennen:

„Abschied von Rune"

von Marit Kaldhol und Wenche Oeyen

Dieses Buch gehört zu meinen Favoriten. Ich finde es sehr liebevoll geschrieben und passend gestaltet. Es ist ehrlich und dennoch einfühlsam. Aus meiner Praxiserfahrung ist dieses Buch ein sehr schöner Einstieg in intensive bereichernde Gespräche mit Kindern über das Thema Trauer und Tod.

Kurzbeschreibung: Rune ist Saras Freund. Beide spielen am Wasser und Rune ertrinkt, er stirbt und Sara muss dieses Erlebnis und diesen Verlust verkraften.

„Der König der Löwen"

von Walt-Disney-Studios

Simba, der kleine Löwe, verliert seinen Vater. Plötzlich und unvorhergesehen, stirbt dieser und verlässt Simba. Dieser ist jetzt auf sich gestellt, durchlebt den Verlust des Vaters und erlebt ein Abenteuer, um am Ende seiner Bestimmung zu folgen. Der Vater ist in Gedanken und durch Erinnerungen immer bei Simba. Auch nach dem Tod bleibt er ein Bestandteil seines Lebens und begleitet ihn.

„Kleiner Eisbär – wohin fährst du, Lars?“

von Hans de Beer

Dieses Kinderbuch ist sehr bekannt und beliebt. Lars durchlebt Abschied, Alleinsein und Vermissen. All das geschieht in der eisigen, kahlen Landschaft der Arktis. Diese symbolisiert die Einsamkeit noch einmal umso mehr. Mit diesem Buch können Sie die Gefühle ansprechen und sich mit den Kindern austauschen.

„Wie mag's denn wohl im Himmel sein?“

von Fabian Jeremies und Christian Jeremies

Die Oma von Emil ist gestorben. Jetzt überlegt Emil zusammen mit seiner Freundin Lulu, wie es wohl im Himmel aussehen wird.

„Die besten Beerdigungen der Welt“

von Ulf Nilsson und Eva Eriksson

Dieses Buch mag ich persönlich sehr gern. Drei Kinder gründen aus der Langeweile heraus ein Beerdigungsinstitut für tote Tiere, denen kein anderer Interesse schenkt. Sie versuchen, die besten Beerdigungen der Welt umzusetzen.

„Ich pass von oben auf dich auf“

von Martina Schütze und Dorothee Böhlke

Pablo und sein Großvater Pico sind ein tolles Team! Sie verstehen sich richtig gut und haben viel Spaß zusammen. Aber dann bekommt Pico Krebs und er wird sterben. Pablo versucht, alles zu verstehen, und hat eigene Erklärungen zu Tod und Sterben.

Lieder

Kinderlieder begleiten uns im Kita-Alltag regelmäßig. Wir singen in der Morgenrunde, im Freispiel, bei Projekten und vielem mehr.

Ist Ihnen schon aufgefallen, in wie vielen klassischen Kinderliedern der Tod vorkommt?

Hier einige Beispiele: „Hänsel und Gretel", „Fuchs, du hast die Gans gestohlen", „In dem Walde steht ein Haus", „Auf einem Baum ein Kuckuck".

Musik hat einen Zauber, der uns alle ergreift. Musik kann Gefühle ausdrücken, für die uns die Worte fehlen oder die wir gerade nicht sprechen können. Auch zum Thema Tod, Abschied und Trauer gibt es viele wundervolle Lieder. Diese sollten Sie nutzen, um so den Gefühlen noch mehr Ausdruck zu verleihen und für uns eine Brücke zu den eigenen Gefühlen und zu den Erinnerungen an die*den Verstorbene*n herzustellen.

Zum Beispiel können einige im Rahmen eines Projektes erlernt und gesungen werden, sie können laufen, während kreative Angebote stattfinden, die ein freies ruhiges Arbeiten ermöglichen, und auch bei einem direkten Trauerfall können sie zum Einsatz kommen und die Kinder und Sie als Team durch diese Zeit geleiten.

Welche Lieder im akuten Fall besonders geeignet sind, ist oft ganz individuell. So kann es sehr berührend sein, ein Lied zu singen, das nicht direkt den Tod thematisiert, sondern zum Beispiel das Lieblingslied des*der Verstorbene*n war. Auch ist es oft schön, im konkreten Trauerfall kein Lied zu singen, das den Tod thematisiert, sondern eines, das Trost bietet. Das kann bei Kindern ein Lied sein, das sie gut kennen und das ihnen das Gefühl von Zusammengehörigkeit und Vertrauen vermittelt. Sie spüren darüber, dass alles in Ordnung ist und sich nicht alles ändert, auch wenn nun etwas trauriges geschehen ist.

„Meine Katze ist gestorben"

von Fredrik Vahle

Dieses Lied thematisiert sehr direkt den Tod eines Haustiers aus der Sicht eines Kindes. Es ist sehr traurig aber auch schön.

„Deine Sonne bleibt"

Rolf Zuckowski

Mit diesem Album hat Rolf Zuckowski ein ganzes, einfühlsames Album zu Trauer und Trost herausgebracht. Die Liedtexte sind nicht unbedingt kindlich, können aber unter Umständen auch passen – hören Sie am besten mal rein, was Ihnen passend scheint.

„Ciao, es war schön"

von Fredrik Vahle

Dieses sehr emotionale Lied handelt vom Abschied allgemein, oft wird es beim Abschied der Vorschulkinder vom Kindergarten gesungen. Viele der darin enthaltenen Weisheiten zum Abschied passen auch auf den Tod: „Jeder Anfang ist das Ende, von der Zeit, die vorher war, und am Ende ist der Anfang von etwas ganz Neuem da."

Ein sehr schönes religiöses Abschiedslied ist:

„Möge die Straße uns zusammenführen"

Es ist ein Irisches Segenlied mit dem Refrain: „Und bis wir uns wiedersehen, halte Gott dich fest in seiner Hand." und passt zu Abschieden aller Art, auch zum Tod.

Filme

Auch Filme können bei der Arbeit mit dem Thema Tod eine Hilfe und Ergänzung sein. Filme gehören zum Alltag unserer Kinder dazu und hier begegnen sie häufig Trauer, Tod und Verlust.

Daher plädiere ich immer dafür, Filme gemeinsam zu schauen. Informieren Sie sich im Vorfeld über den Inhalt des Films. Ich erinnere mich an eine Situation: Als der Film „Oben“ erschien, war eine Mutter mit ihrer sechs Jahre alten Tochter im Kino. Hinterher war sie sehr wütend, da die Tochter in den folgenden Tagen viele Fragen über den Tod und das Sterben stellte. Der Mutter waren diese Fragen unangenehm und sie fühlte sich hier auch etwas hilflos und überrumpelt.

Ich bin froh, dass das Thema auch in Kinderfilmen behandelt wird oder zumindest eine subtile Rolle spielt. Nachfolgend nur einige Beispiele für Filme, die sich vorrangig an Kinder richten, Tod und Trauer behandeln, dabei dennoch gefühlvolle, positive Botschaften transportieren.

Schauen Sie die Filme vorab, um einschätzen zu können, ob sie für Ihre Gruppe altersmäßig bereits geeignet sind.

Zu vielen Filmen gibt es auch Bücher, die Sie ebenfalls zum Vertiefen des Gesehenen nutzen können.

Ich möchte Ihnen ein paar Beispiele für Filme nennen, in denen es um Trauer geht:

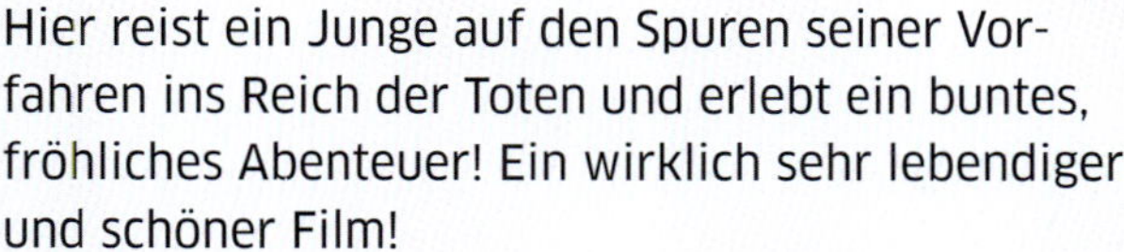

„Coco – Lebendiger als das Leben“

von Pixar Animation Studios

Hier reist ein Junge auf den Spuren seiner Vorfahren ins Reich der Toten und erlebt ein buntes, fröhliches Abenteuer! Ein wirklich sehr lebendiger und schöner Film!

„Bambi“

von Walt-Disney-Studios

Zu Beginn des Films wird Bambis Mutter von Jägern erschossen. Bambi wächst im Wald bei seinen Freunden und seinem Vater auf. Ein sehr niedlicher Film, der den Verlust der Mutter thematisiert.

„Oben“

von Pixar Animation Studios und Walt-Disney-Company

Die große Liebe! Die einmalige, verbindende Liebe! Die ersten 15 Minuten dieses Films sind sehr emotional. Es wird das Leben von Carl und Ellie gezeigt, bis zum Tod von Ellie. Carl und Ellie hatten einen Traum, und zwar ein kleines Haus in Südamerika bei den Wasserfällen zu haben. Es beginnt ein fantastisches Abenteuer, auf dem Carl von einem kleinen Pfadfinderjungen begleitet wird.

„Vaiana“

von Walt-Disney-Studios

Eine Geschichte über ein Mädchen, das seiner Bestimmung folgt. Diese Bestimmung erfährt sie von ihrer geliebten Großmutter. Sie stirbt, kurz nachdem sie Vaiana auf den Weg geschickt hat, und begleitet sie am Ende in Form eines Rochens. Einfach paradiesisch schön!

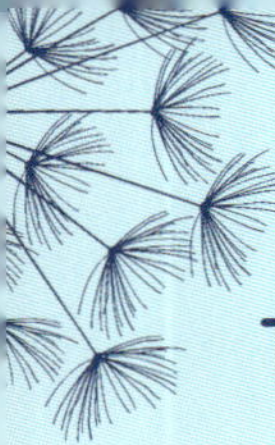

„In einem Land vor unserer Zeit“

von Universal Pictures

Der kleine Langhalsdinosaurier Littlefoot begibt sich mit seinen Großeltern auf eine Reise. Hier lernt er treue Freunde kennen, verliert aber auch seine Mama. Diese stirbt und verlässt ihren Sohn mit den Worten, dass sie, auch wenn sie nicht da ist, immer bei ihm sein wird. Eine emotionale Szene.

„Die Eiskönigin – völlig unverfroren“

von Walt Disney Pictures

Anna und Elsa wachsen sehr behütet und in einer glücklichen Familie auf. Dieses Glück endet jäh, als ihre Eltern auf einer Schiffsreise tödlich verunglücken. Ich mag diesen Film sehr, da es um die Liebe zweier Schwestern geht und diese am Ende unglaublich viel bedeutet.

„Willi will's wissen – Wie ist das mit dem Tod“

von megaherz film und fernsehen

Willi spricht mit Menschen, die unterschiedliche Erfahrungen gemacht haben, und der Tod wird als Teil des Lebens deutlich. Aus meiner Sicht ein sehr zu empfehlender Film!

„Wenn das Leben geht“

von Hospiz macht Schule

In diesem Film berichten Kinder über ihre Gedanken zum Tod, diese werden in Bildsequenzen dargestellt. Dieser Film bietet einen guten Einstieg zum Thema Tod.

Natürlich gibt es für Kinder auch Dokumentarfilme, die sehr hochwertig gestaltet wurden.

„Sendung mit der Maus: Abschied von der Hülle“

von WDR und ARD

Es ist der Erfahrungsbericht eines Jungen, der seinen Zwillingsbruder verliert. Es wird berichtet, wie die Beerdigung vorbereitet wird und wie der trauernde Junge sich fühlt. Dieser Bericht ist sehr realistisch. Aus diesem Grunde ist er aus meiner Sicht zum Ende eines Projektes oder für ältere Kinder geeignet. Für den Einstieg in die Thematik empfehle ich ihn Ihnen nicht.

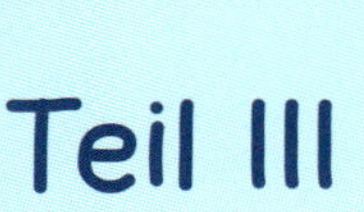

Teil III

Projekte

zum Thema Tod

Warum ein Projekt zum Thema Tod?

Ein Projekt zu diesem Thema können Sie unabhängig davon durchführen, ob der Tod gerade akut eine Rolle in Ihrer Kita spielt oder woher das Interesse der Kinder gerade kommt. Der Tod begegnet uns häufig, ohne dass wir Erwachsenen ihm eine Bedeutung beimessen, zum Beispiel bei einer vertrockneten Pflanze, einem toten Käfer oder einem Spaziergang, bei dem wir an einem Friedhof vorbeikommen. Genauso vielfältig können auch Projekte und Angebote zu diesem Thema sein. Wenn Sie die Kinder beobachten, finden Sie sicher schnell einen Ansatzpunkt, den Sie als Einstieg für ein Projekt nutzen können. Dennoch gibt es bei den Vorbereitungen ein paar Dinge zu berücksichtigen.

Was gilt es, zu beachten?

- Kommunizieren Sie klar und vor allem auch frühzeitig,
- machen Sie Ihre grobe Projektplanung, aber
- gehen Sie auf die Kinder ein, bleiben Sie offen.

Im weiteren Verlauf des Buches finden Sie ein ausgearbeitetes Projekt, das Sie zum Thema durchführen können. Es gibt aber viele weitere Möglichkeiten, sich mit Kindern mit dem Thema zu beschäftigen. Im Anschluss finden Sie deswegen weitere Anregungen für Projekte und einzelne Module, die Sie darin verwenden können. Schauen Sie immer, wie Sie die Angebote für sich und Ihre Gruppe passend machen können, und bleiben Sie offen. Ein Projekt sollte zwar im Voraus geplant werden, lebt aber vor allem von der Offenheit der Erzieher*in, auf die Kinder einzugehen und die Kinder selbst das Thema weiterentwickeln zu lassen.

Bleiben Sie vorbereitet, mit den Kindern über das Thema Tod zu sprechen, und nehmen Sie Fragen und Äußerungen immer wieder ernst. Sie werden sehen, dass eine tiefe Auseinandersetzung mit einem Thema bei manchen Kindern „langsam arbeitet". Es ist nicht selten, dass ein Kind, das sich am Anfang nicht zu dem Thema äußert, nach Wochen auf einmal seine eigenen Erfahrungen zu dem Thema herauskramt. Jeder hat und braucht seine Zeit.

Seien Sie nicht erschrocken, wenn die Kinder unbedarft mit dem Tod umgehen, ihn nachspielen oder darüber scherzen. Auch das ist eine Auseinandersetzung mit dem Thema und wir müssen uns bewusst machen, dass unsere Art des Umgangs mit dem Tod (sehr ernst Betroffenheit zu zeigen) eine kulturell erworbene, erwachsene Eigenschaft ist.

Überlegen Sie sich, wie Sie mit Außenstehenden über Ihr Projekt sprechen. Dies klingt verrückt, aber es wird Ihnen immer wieder passieren, dass Menschen nachfragen und Interesse zeigen oder aber auch ihr Unverständnis zum Ausdruck bringen. Ich erinnere mich an eine Situation auf einem öffentlichen Spielplatz, als Thea (3,5 Jahre) sich oben auf dem Rutschenturm aufbaute und laut über den Spielplatz verkündete: „Wer tot ist, bleibt auch tot". Die besorgten bis irritierten Blicke der anwesenden Mütter und Großmütter zeigten deutlich, dass dies in unserer Gesellschaft für ungewöhnlich empfunden wird. Thea hatte sich aber nur wieder und wieder mit dem Märchen „Schneewittchen" befasst, weil ihr offensichtlich komisch vorkam, dass Schneewittchen sterben und wieder aufwachen kann, während das normalerweise nicht so ist.

Elternabend

Die Durchführung eines Elternabends zum Thema Trauer, Abschied und Tod ist aus meiner Sicht fast unerlässlich, wenn Sie vorhaben, ein Projekt zu diesem Thema anzubieten. Die Eltern sollten gut vorbereitet werden, damit

- die Eltern auf eventuelle Fragen der Kinder vorbereitet sind,
- Sie Bedenken und Sorgen der Eltern auffangen können,
- Sie eventuell auf Unterstützung der Eltern zählen können, wenn die Kinder z. B. Fotos von zu Hause mitbringen sollen,
- Sie im Voraus von evtl. belastenden Familiensituationen erfahren und diese dann berücksichtigen können.

Die Bedenken der Eltern können sehr groß sein. Viele Eltern finden das Thema so schwerwiegend und belastend, dass Sie es selbst scheuen. Sie haben Angst, dass die Kinder sich zu viele Gedanken machen und Ängste entwickeln. Sie wollen die Kinder schützen, aber vor einem Trauerfall kann man nicht beschützt werden. Jedoch können wir ein wenig vorbereitet sein und lernen, mit der Trauer umzugehen. Dies wollen wir den Kindern ermöglichen, da uns alle im Laufe des Lebens Trauer und Abschied treffen werden.

Somit sollten Sie sich sehr gut auf den Elternabend vorbereiten und auch die Einladung sollte schon deutlich machen, worum es thematisch geht, und kurz die Wichtigkeit des Themas ansprechen.

Überlegen Sie auch, ob Sie eine Fachkraft aus der Notfallseelsorge hinzuziehen wollen. Es gibt auch Vereine und Selbsthilfegruppen, die Sie zurate ziehen können.

Beginnen Sie mit der Erläuterung des Themas und dessen Bedeutung. Erklären Sie die natürliche, kindliche Neugier, dieses Thema betreffend. Reden Sie über die Entwicklung des Verständnisses für den Tod (siehe auch Seite 21f.)

PRAXISTIPP:

Sprechen Sie Eltern auch direkt an, wenn Sie sie im Flur sehen oder die Einladung überreichen. Im Gespräch können Sie erste Einwände spüren und gegebenenfalls entsprechend reagieren. Viele Eltern finden das Thema auch toll und mutig.

Dann sollten Sie Ihr Projekt vorstellen und wie Sie dieses umsetzen wollen. Erzählen Sie von geplanten Ausflügen, Buchvorstellungen, Kreativangeboten und allem Weiteren, das Sie geplant haben.

Gehen Sie offen in das Gespräch mit den Eltern. Manchmal entstehen bei solchen Elternabenden auch tolle Anreize für weitere Angebote und Ideen. Bieten Sie abschließend noch Raum und Zeit für weitere Fragen an und ich hoffe, dass Sie dann positiv in das Projekt Trauer und Tod mit den Eltern starten werden.

Auf der nächsten Seite finden Sie einen beispielhaften Brief, den Sie als Einladung zum Elternabend verwenden können.

Einladung zum Elternabend

Wir haben ein besonderes Projekt mit den Kindern geplant, das wir Ihnen vorstellen möchten und für das wir ganz herzlich zu einem Elternabend einladen.

Trauer, Abschied und Tod

Bevor wir dieses Projekt starten, wollen wir mit Ihnen ins Gespräch kommen. Wir wollen Ihnen die Wichtigkeit dieses Themas erklären, wie sehr Ihre Kinder von dem Projekt profitieren können, unsere Herangehensweise erläutern und auf Ihre Fragen und Anliegen eingehen.
Das Projekt haben wir in Zusammenarbeit mit einem Mitarbeiter der Notfallseelsorge entwickelt.
Herr/Frau .... wird am Elternabend teilnehmen und auch für Ihre Fragen zur Verfügung stehen.

Wann:

Wo:

Von:

Bis:

Wir freuen uns auf Ihr zahlreiches Erscheinen und einen informativen Abend mit Ihnen.

Mit freundlichen Grüßen

Ihr Kita-Team

Häufige Fragen der Eltern

Ist mein Kind nicht zu jung für das Thema Tod?

Nein! Ihr Kind ist nicht zu jung, um sich mit dem Thema Sterben und Tod zu beschäftigen.

Viele Eltern haben Bedenken, wenn es um das Thema Trauerarbeit, Sterben und Tod in der Kita geht. Gründe für diese Bedenken sind die eigene Sprachlosigkeit, Befangenheit und auch Hilflosigkeit hinsichtlich dieses Themas. Tod ist ein „schweres" Thema: Es kann belasten, alte Wunden aufreißen und Erfahrungen aufleben lassen.

Wenn wir aufmerksam mit den Kindern arbeiten und sie beobachten, werden wir feststellen, wie oft sich Kinder von allein mit diesem Thema beschäftigen und damit konfrontiert werden. Hier sollten Sie ansetzen und das Thema aufgreifen. Es ist wichtig, mit den Kindern zu reden, ihre Fragen zu beantworten und die Neugier zu stillen. Denn Schweigen und Tabuisierung weckt Ängste und Hilflosigkeit, die wiederum hemmen, weitere Fragen zu stellen. Wenn es nun zu einem konkreten Trauerfall kommt, ist das Kind schon vorbereitet; viele Fragen sind beantwortet. Dieses Wissen gibt Sicherheit.

Auch für uns Erwachsene ist es leichter, mit Kindern über den Tod zu sprechen, wenn kein aktueller Trauerfall vorliegt. Denn sind wir selbst betroffen, fehlen uns neben den richtigen Worten auch Nerven und Zeit. Wenn wir selbst trauern, ist es sehr schwer, offen, ehrlich und unbefangen über das Thema zu sprechen.

Werden mit dem Thema bei den Kindern Ängste und Sorgen geschürt? So können Albträume und Verlustängste entstehen!

Selbstverständlich kann der Gedanke an den Tod bei Kindern Ängste und Sorgen erzeugen. Mein Sohn hatte mit fünf Jahren eine Zeit, in der er sich sehr viele Gedanken um den Tod gemacht hat. Es gab hierfür keinen mir bewussten konkreten Auslöser, aber er hatte Albträume und Angst, dass er oder jemand aus der Familie sterben könnte. Es war für ihn so wichtig, über Tod und Trauer zu reden. Ich habe mit ihm einen Ausflug auf den Friedhof gemacht, wir haben uns Bücher aus der Bibliothek ausgeliehen, die Gräber seiner Ururgroßeltern besucht und vieles mehr. So war das Thema Tod nicht länger ein geheimnisvolles Tabuthema, das ihn verunsichert hat. Das Wissen über den Tod und über Trauer hat ihm Sicherheit gegeben.

Kinder werden mit dem Thema in Berührung kommen und ein Angebot hierzu, ein offener Umgang, hilft den Kindern, Ängste zu verhindern.

Sollten unsere Kinder nicht vor solchen Themen geschützt werden? Sie sollten lieber eine glückliche, unbeschwerte Kindheit erleben!

Mit einem Projekt zum Thema Tod und Trauer nehmen wir den Kindern nicht ihre glückliche Kindheit. Es ist verständlich, dass wir unsere Kinder beschützen wollen und ihnen eine unbeschwerte Kindheit wünschen. Aber vor dem Tod und vor Trauer können wir unsere Kinder nicht beschützen. Wir können sie aber schützen, indem sie einen offenen, individuellen und angstfreien Umgang mit Trauererlebnissen erlernen. Wir können sie schützen, indem wir ihnen helfen, mit Trauer umzugehen. Wir können sie schützen, indem wir ihnen Wissen und Informationen geben. Wir können sie schützen, indem sie erfahren, dass Sie mit allen Sorgen und Problemen zu uns kommen können und es keine Tabuthemen gibt.

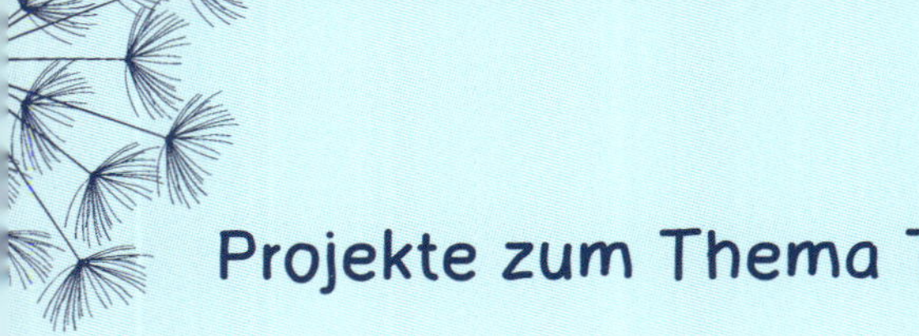

Wir wollen nicht, dass unser Kind andere Sichtweisen auf den Tod erhält! Beziehen Sie sich auf eine feste Religion oder die weltliche Sicht auf den Tod?

Anderen Sichtweisen auf den Tod Raum zu geben und diese zu vermitteln, kann bei einigen Eltern zu Sorgen führen. Sie befürchten, dass die daheim gelebte Sicht auf den Tod nicht an die Kinder weitergegeben wird und die Kinder unter Umständen verwirrt werden.

Kinder sind neugierig und weltoffen. Erklären Sie, dass Sie diese Neugierde und Offenheit leben wollen, dass Sie den Kindern die Gelegenheit geben, die Welt und deren Vielfalt zu entdecken. Die Kinder werden nicht verwirrt, sondern erweitern ihre Sichtweise auf den Tod. Erklären Sie, wie Sie die Angebote gestalten und das Thema mit den Kindern erarbeiten wollen.

Das Wissen über Ihr Vorgehen und Ihren Umgang mit dem Thema Tod und Trauer gibt den Eltern Sicherheit und weckt vielleicht auch deren Interesse über die weltweit vielfältig gelebte Trauer.

PRAXISTIPP:

Nehmen Sie die Bedenken der Eltern ernst! Wenn Sie sofort beginnen, sich zu rechtfertigen, wird auch Ihr Gegenüber eher in Gegenwehr gehen. Hören Sie zu, was die Eltern denken, und wiederholen Sie gegebenenfalls deren Bedenken in Ihren eigenen Worten. Nur so kann ein Gespräch auf Augenhöhe entstehen.

Trauer weltweit - wer geht wie mit dem Tod um?

In diesem Projekt reisen Sie mit den Kindern durch verschiedene Länder und erleben die dortige Kultur und deren Umgang mit dem Tod.
Zu Mexiko, Indien und Ghana finden Sie jeweils Angebote, die sich mit den Bräuchen des Landes auseinandersetzen. Als letztes Land reisen Sie dann zurück nach Deutschland, wo Sie einen Friedhof und ein Bestattungsunternehmen besuchen und den Umgang mit dem Tod in unserer Kultur betrachten. Zu jedem Land finden Sie einen kurzen Hintergrundtext zu der Kultur.

Es ist ein buntes, emotionales und erlebnisreiches Projekt. Die Kinder erfahren sehr viel über Tod, Trauer und andere Kulturen. Sie erkennen, wie vielfältig und individuell Trauer gelebt und erlebt wird. So wird auch jedes Kind anders auf die jeweiligen Angebote reagieren und diese verarbeiten. Oft begleitet das Thema den Kita-Alltag noch eine Weile nach dem Projektabschluss und so finden Trauer und Tod Platz in unserem Leben und sind kein Angst einflößendes Tabuthema mehr.

Mexiko

- Tag 1: Einführung ins Thema
- Tag 2: Bastelangebot: *Ofrendas* (Altäre für die Toten) basteln
- Tag 3: Schmücken
- Tag 4: Fest: *Día de los Muertos*

Ghana

- Tag 1: Bastelangebot: Trommeln
- Tag 2: Geschichte: Schila, die Schimpansin
- Tag 3: Bastelangebot: Sargkunst in Ghana
- Tag 4: musikalisches Angebot: ein Lied für Schila

Indien

- Tag 1: Einführung in das Thema
- Tag 2: Bastelangebot: Blätterschalen basteln
- Tag 3: Bastelangebot: Kerzen gießen
- Tag 4: Bastelangebot: Kerzen verzieren
- Tag 5: Abschlussfeier

Deutschland

- Tag 1: Einführung: ein Kinderbuch lesen
- Tag 2: Ausflüge zum Friedhof
- Tag 3: Ausflug zum*r Bestatter*in
- Tag 4: Bastelangebot: Pastellbilder

Projektabschluss

Mexiko

Wenn wir an das nordamerikanische Land Mexiko denken, kommen uns unweigerlich Sombrerohüte, Siesta, Esel, Sonnenschein, Tacos und bunte Farben in den Sinn.

Mexiko ist ein Land, das es zu entdecken lohnt, mit seiner Kultur, Tierwelt, Musik, Essen und vielem mehr.

Das Land wird in 31 Bundesstaaten unterteilt und in den Hauptstadtdistrikt Mexiko-Stadt.

In Mexiko ist Spanisch die Amtssprache. Neben Spanisch werden hier sogar 62 „Nationalsprachen" gesprochen. Ein Großteil der Bevölkerung, über 80 %, gehören dem katholischen Glauben an.

Eine Besonderheit ist die Tierwelt Mexikos. Mexiko gehört zu den artenreichsten Ländern. Gerade was die Reptilienvielfalt angeht, ist Mexiko Spitzenreiter. In keinem anderen Land tummeln sich so viele verschiedene Schlangen, Echsen und andere Reptilien. Aber auch was die Anzahl der Säugetierarten betrifft, findet man in Mexiko eine große Vielfalt.

So bunt wie die Tierwelt Mexikos ist auch die Kultur. Es gibt viele Feiertage, zauberhafte Musik und beeindruckende Künstler, die das Land geprägt haben.

Eines der bekanntesten Feste Mexikos ist das Fest *Día de los Muertos* („Tag der Toten"). Dieses von den Ureinwohner*innen Mexikos stammende Fest wurde sogar vom UNESCO Welterbe 2008 in die repräsentative Liste des immateriellen Kulturerbes der Menschheit aufgenommen. In Mexiko wird es zwischen dem 31. Oktober und dem 2. November gefeiert. Während dieser Zeit kehren nach mexikanischem Glauben die Toten aus dem Jenseits in unsere Welt zurück. Das Leben ist demnach nicht mit dem Tod zu Ende, sondern der Tod bildet den Übergang zum Jenseits. Hier verweilt unsere Seele weiter und kehrt einmal im Jahr zum *Día de los Muertos* zurück. Und diese Wiederkehr wird gefeiert.

In Mexiko wird mit dem Tod offen umgegagen, er gehört zum Leben dazu. So feiern die Mexikaner*innen das Leben im Diesseits und das Leben im Jenseits.

Die Straßen, Häuser und Geschäfte sind geschmückt. Es gibt überall Gebäck in Form von Totenköpfen zu kaufen. In einigen Städten gibt es Umzüge und in der Nacht zum 1. November verkleiden sich Kinder und Erwachsene als Skelette. In den Wohnungen werden sogenannte *Ofrendas* aufgebaut. Dies sind kleine Altäre, die der Verstorbenen gedenken. Dieses lebensbejahende Fest entstand vor mehreren Tausend Jahren. Grund war und ist, dass der Tod zum Leben gehört; mit ihm endet es nicht. Die Verstorbenen gehören weiter zu unserer Familie und zur Gemeinde. Sie werden nicht vergessen und durch Erzählungen, Bilder und den Glauben, dass sie am Tag der Toten zu uns zurückkehren, bleiben sie bei uns. Der Tod gehört zum Leben und die Verstorbenen zu den Lebenden.

So spürt man am *Día de los Muertos* die Lebensfreude, Liebe, Erinnerung, Hoffnung und das Glück. In dieser kleinen Reise nach Mexiko können Sie mit den Kindern ein lebensfrohes, mexikanisches Fest feiern, das sich sehr unbefangen mit dem Tod befasst.

Tag 1

Thema: Einführung in das Thema durch Gespräche und Bilder

Materialien:

- Bilder von Mexiko
- Bilder zum Fest *Día de los Muertos*
- kopierte Elternbriefe
- Krepppapier in orange oder in verschiedenen Farben
- Scheren
- Pfeifenreiniger
- Globus (oder Weltkarte)

Ablauf:

Setzen Sie sich mit den Kindern in einen Kreis und stellen Sie den Globus in die Mitte. Besprechen Sie mit ihnen Folgendes:

- *Wer von euch weiß, wo Deutschland liegt?*
- *Heute wollen wir nach Mexiko reisen. Wollen wir mal schauen, wo Mexiko auf dem Globus liegt?*
- *In dieser Woche wollen wir nach Mexiko reisen und uns auf das Fest Día de los Muertos vorbereiten.*
- *Was wisst ihr über Mexiko?*
- *Woran denkt ihr bei einer Reise nach Mexiko?*

Erzählen Sie den Kindern vom *Día de los Muertos* und lassen Sie sie Fragen stellen. Erklären Sie ihnen, dass Sie gemeinsam mit ihnen auch im Kindergarten einen *Día de los Muertos* feiern möchten: mit Essen, Musik, Dekoration und den typischen „*Ofrendas*“, Objekte die an den*die Verstorbene*n erinnern und auf einer Art Altar gezeigt werden. Fragen Sie nach, wer jemanden kennt, der bereits verstorben ist – ein*e Verwandte*r oder auch ein Haustier. Erklären Sie den Kindern, dass Sie mit ihnen eine *Ofrenda* für diese Person basteln können, wenn sie Fotos mitbringen.

Teilen Sie am Ende des Tages die Elternbriefe aus, damit die Eltern Fotos raussuchen können.

Jetzt versammeln Sie sich mit den Kindern an den Basteltischen und gestalten die Krepppapier-Blumen: Von der Krepppapierrolle werden ca. 6 cm breite Streifen abgeschnitten. Diese Streifen werden auseinandergerollt. Das eine Ende halten Sie mit zwei Fingern fest und rollen dann nach und nach das Krepppapier im Kreis auf. Hierbei können Sie es etwas raffen. Wenn der Papierstreifen endet, biegen Sie die äußeren Blütenblätter etwas auseinander. Zum Schluss wickeln Sie ein Stück Pfeifenreiniger um das untere Ende der Blüte. So wird diese fixiert und ist fertig. Orange ist die klassische Farbe, aber Sie können die Blüten auch mehrfarbig gestalten.

Liebe Eltern,

in den kommenden Tagen wollen wir mit unserem Projekt „Trauer weltweit – wer geht wie mit dem Tod um?“ beginnen. Hierzu begeben wir uns mit den Kindern auf eine Weltreise. Wir erfahren viel über andere Länder, Kulturen und Lebensweisen. Hier wird vor allem die Trauerkultur im Mittelpunkt stehen.

Unsere erste Station wird Mexiko sein. Hier wird jedes Jahr das große traditionsreiche Fest „Día de los Muertos“ gefeiert. Dieses Fest ist, obwohl es um das Trauern geht, voller Farben, Leben und Erinnerungen.

Auch wir wollen uns mit den Kindern erinnern und in die Vergangenheit eintauchen. Hierzu werden wir kleine, typisch mexikanische Altäre anfertigen. Diese werden mit bunten Blumen und vielem mehr geschmückt.

Den Mittelpunkt eines jeden Altars soll das Foto eines oder einer Verstorbenen bilden. Hier hoffen wir auf Ihre Mitarbeit: Es wäre schön, wenn Sie mit Ihrem Kind ins Gespräch kommen und ihm ein Foto eines verstorbenen Familienmitglieds mitgeben würden. Dies darf gern auch ein Großelternteil sein, den das Kind nie kennengelernt hat, oder aber auch ein Haustier. Der Tod von Haustieren bedeutet Kindern oft sehr viel.

Sprechen Sie mit dem Kind über das Foto und über den Menschen oder das Tier. Sagen Sie gern auch uns Bescheid, wenn wir etwas zu dem oder der Verstorbenen wissen müssen.

Das Bild benötigen wir am ....

Es wäre toll, wenn Sie auf der Rückseite des Fotos kurz notieren könnten, um wen es sich handelt.

Wir danken Ihnen sehr für die Zusammenarbeit und freuen uns auf das Projekt.

Mit freundlichen Grüßen

Ihr Kita Team

Tag 2

Thema: Dekoration für den *Día de los Muertos* und unsere *Ofrendas*.

Material:

- Schuhkartons oder kleine Obstkisten
- Pinsel
- Farben
- Fotos der Verstorbenen
- Kleber
- Klebestreifen
- Schere (große und kleine)
- Krepppapier in verschiedenen Farben
- Tonkarton
- Bunt- und Filzstifte
- Band

Ablauf:

Legen Sie alle Materialien auf einem Tisch aus.

„Wisst ihr noch, in welches Land wir gestern gereist sind? Wie feiern die Mexikaner und Mexikanerinnen das Fest Día de los Muertos? Erinnert ihr euch an die Ofrendas? Das sind selbst gebastelte und gestaltete Altäre. Mit diesen wird an die Verstorbenen der Familie erinnert. Kennt ihr jemanden aus eurer Familie, der verstorben ist? Eine Uroma oder ein Uropa oder ein geliebtes Haustier?"

Lassen Sie die Kinder erzählen und kommen Sie mit ihnen über die Verstorbenen der Familien ins Gespräch. Wenn Sie wollen, können auch Sie von einem Verstorbenen Ihrer Familie berichten: Wie war die Person? Was mochte sie? Woran erinnern Sie sich gern? Versuchen Sie, die Gesprächsrunde mit schönen Erinnerungen der Verstorbenen zu füllen, und stellen Sie gezielt Fragen diesbezüglich. Zum Beispiel: Hatte deine Oma ein Lieblingslied, das sie immer gesungen hat? Warst du mit deinem Hund viel draußen spazieren? Was dein Häschen gerne geknabbert hat?

Anschließend zeigen Sie den Kindern Bilder oder am besten bereits angefertigte *Ofrendas*.
Als Erstes sollten die Kinder ihre *Ofrendas*, den Schuhkarton oder die Obstkiste bunt bemalen. Diese werden dann zum Trocknen zur Seite gestellt.
Danach können die Kinder frei wählen, was sie als Nächstes basteln wollen: weitere Blumen für ihre *Ofrenda*, bunte Totenköpfe aus Tonkarton oder Bilderrahmen aus Tonkarton für die Fotos.
Mit diesen Dingen können sie die *Ofrendas* ganz individuell und bunt gestalten.
Kinder, die noch Lust haben, weiterzubasteln, können aus den Blumen und Totenköpfen bunte Girlanden zum Dekorieren des Raumes anfertigen.
Als Abschluss werden alle gebastelten Dinge zur Seite gelegt, um am folgenden Tag die getrockneten *Ofrendas* fertig zu schmücken.

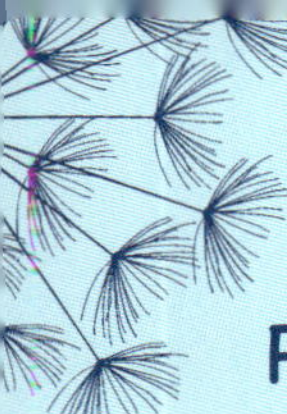

Tag 3

Thema: Fertigstellen der *Ofrendas* und der Raumdekoration

Material:

- Bastelmaterialien von Tag 2 (Seite 61)

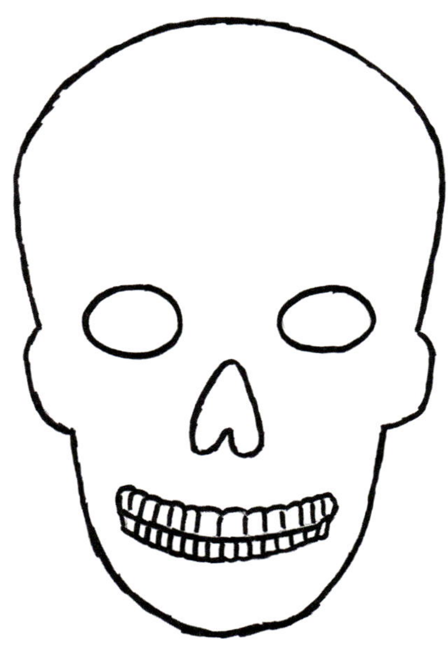

Ablauf:

An diesem Tag werden die *Ofrendas* fertig dekoriert. Fotos, Blumen, Totenköpfe und Krepppapier werden dafür genutzt.

Die Kinder, die ihre *Ofrendas* fertiggestellt haben, können dann bei dem weiteren Raumschmuck helfen. Es können Girlanden aus Blumen und Totenköpfen im Raum verteilt werden und Krepppapierluftschlangen machen den Raum noch bunter. Für die *Ofrendas* können Plätze ausgewählt werden und so wird der Raum typisch für den *Día de los Muertos* geschmückt.

Tag 4

Thema: Das Fest

Material:

- kleines Gebäck (am besten kleine Amerikaner oder Muffins)
- Streusel, Zuckerguss, Zuckerschrift
- ein paar Teller
- große Marshmallows
- Schaschlikspieße
- ein paar bunte Becher
- Nacho Chips
- Avocados, Zwiebel, Salz, Pfeffer
- Popcorn
- Butterbrottüten
- Getränke
- Becher
- Stifte
- Schälchen
- Gabeln
- bunte Servietten
- traditionelle mexikanische Musik zum *Día de los Muertos* (Hier wird man sehr gut im Internet fündig. Es kann auch die Musik aus dem Film „Coco" abgespielt werden.)

Ablauf:

Erklären Sie den Kindern, dass zu einem Fest natürlich Musik und ein festliches Mahl gehören und Sie diese gemeinsam zubereiten.

Das Gebäck wird mit der Zuckerschrift, dem Zuckerguss und den Streuseln verziert. Hier können wieder bunte Totenköpfe ihren Platz auf dem Gebäck finden, Blumen und bunte Muster. Das Gebäck wird auf den Tellern angerichtet.
Die großen Marshmallows werden auf die Schaschlikspieße gesteckt und ebenfalls bunt mit Zuckerschrift und Streusel verziert. Die Spieße finden ihren Platz in den bunten Bechern oder Vasen.
In die Schalen kommen die Nachos. Die Avocados werden geschält, der Stein entfernt und dann werden diese in eine Schale klein geschnitten. Anschließend zerdrücken Sie die Stücke mit einer Gabel. Die klein geschnittene Zwiebel, Salz und Pfeffer mit der Avocado vermengen und fertig ist eine leckere Guacamole.
Die Butterbrottüten werden mit den Stiften bunt bemalt. Hier werden auch wieder die *Día de los Muertos*-Motive verwendet, also bunte Blumen und verzierte Totenköpfe. Anschließend werden die Tüten mit Popcorn gefüllt.

Die Kinder können alles auf dem *Día de los Muertos*-Festtisch arrangieren und anrichten.
Dann können Sie mit den Kindern durch den bunten Raum als Polonaise ziehen oder frei zur Musik tanzen.

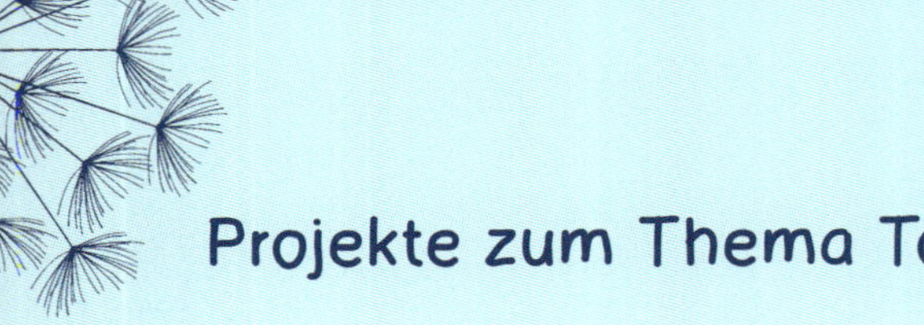

Ghana

Hintergrundinfo: Trauer in Ghana und die besondere Sargkunst

Ghana ist ein buntes westafrikanisches Land. In der Hauptstadt Accra sowie im gesamten Land wird Englisch gesprochen. Die Menschen lieben ihre Traditionen und dies spiegelt sich auch bei den Trauerfeiern wider.

Bei einem Todesfall wird auch getrauert. Aber anders als bei uns sind die Trauerfeiern von Musik, Lachen und feierlicher Stimmung geprägt. Der Tod und der Abschied werden betrauert; jedoch wird auch gleichzeitig das Leben gewürdigt und gefeiert. Der Tod bildet den Zugang zum ewigen Leben. Je größer, pompöser und länger die Trauerfeier ist, desto größer war das Ansehen des*der Verstorbenen und dessen*deren Familie in der Gemeinde. Es braucht Zeit, um solch eine große Trauerfeier zu planen und vorzubereiten. Daher wird der*die Verstorbene in Kältekammern gelagert, bis die Planung abgeschlossen ist. Dies kann manchmal Wochen oder Monate dauern.

Alle, die den*die Verstorbene*n kannten und ihm*ihr die letzte Ehre erweisen wollen, sind eingeladen. Die Unterkunfts- und Verpflegungskosten trägt die Familie des*der Verstorbenen. Häufig kommen Hunderte von Gästen. Es werden Plakate aufgehängt, auf denen zur Beerdigung eingeladen wird. Einige Familien laden sogar über Radiosender zur Trauerfeier ein.
Das Fest selbst ist opulent. Es gibt viel und gutes Essen sowie Getränke. Zelte werden aufgebaut und Musik wird gespielt. Die Gäste sind in den traditionellen Trauerfarben rot,weiß oder schwarz gekleidet. Auch der Ablauf ist in der Regel immer gleich: Freitags wird die Totenwache gehalten, samstags wird der*die Verstorbene beerdigt und sonntags findet der Trauergottesdienst statt. In den folgenden Tagen wird noch gefeiert.
In Ghana gibt es eine besondere Tradition: die Sargkunst. Die Särge werden aus Holz gefertigt und es gibt Schreinermeister, die sich auf die Sargkunst spezialisiert haben. Vor einigen Jahren entstand die Sargkunst durch die Idee eines Schreinermeisters.
Als seine Mutter verstorben war wollte er ihr einen besonderen Wunsch erfüllen. Sie hatte immer davon geträumt, eines Tages in einem Flugzeug zu sitzen. Aus diesem Grunde baute er für seine Mutter einen Sarg in Form eines Flugzeuges.
Aus dieser Idee ist die Tradition entstanden. Heute werden die unterschiedlichsten Särge angefertigt. Diese sagen etwas über das Leben oder die Träume des*der Verstorbenen aus. Zum Beispiel gibt es Särge in Form von Fotoapparaten oder Schuhen, diese zeigen die Berufe der Verstorben, oder in Form eines Huhns, da der*die Verstorbene wie eine liebevolle Glucke aufopfernd für seine*ihre Kinder gelebt hat. Hier sind der Kreativität kaum Grenzen gesetzt.
Für viele Familien stellen die großen Trauerfeiern ein Problem dar. Die Kosten für solch eine Beerdigung belaufen sich häufig auf mehrere Tausend Euro. Viele Familien sparen lange für die Feierlichkeiten oder verschulden sich sogar. Aber da das Ansehen der Familie an der Größe der Feier gemessen wird, gehen viele diese finanzielle Belastung ein.

Tag 1

Thema: Afrika! Wir erforschen Ghana und basteln Trommeln.

Material:

- Globus
- eine fertige Trommel
- Blumentopf (am besten aus Ton mit einem kleinen Loch im Boden, dann ist der Klang schöner)
- Tapetenkleister
- Pinsel
- Backpapier (gern schon zugeschnitten, die Stücke sollten größer als die Öffnung des Blumentopfes sein)

Ablauf:

Setzen Sie sich mit den Kindern im Kreis hin, den Mittelpunkt bildet wieder der Globus. Entdecken Sie zusammen mit den Kindern Afrika und Ghana auf dem Globus. Kommen Sie mit den Kindern über Afrika ins Gespräch.

- *Wie stellt ihr euch Afrika vor?*
- *War von euch schon jemand in Afrika oder kennt ihr jemanden aus Afrika?*
- *Woran denkt ihr, wenn ihr über Afrika nachdenkt?*

Kommen Sie mit den Kindern ins Gespräch über Afrika, über die Tiere, die Kultur und das Klima. Vielleicht erwähnen die Kinder von allein die Musik und die Trommeln, dann können Sie dies gleich aufgreifen und zum heutigen Angebot überleiten.

Dafür gehen Sie mit den Kindern an den Basteltisch. Jedes Kind erhält einen Blumentopf, ein Schälchen mit Tapetenkleister, einen Pinsel und ca. fünf Blätter Backpapier.

Bastelanleitung:

Nehmen Sie ein Stück Backpapier und bestreichen Sie eine Seite mit Tapetenkleister. Dann spannen Sie das Papier vorsichtig über die Blumentopföffnung. Drücken Sie das Papier gut am Rand fest. Diesen Vorgang wiederholen Sie ungefähr 5-mal. Dann werden die Trommeln zum Trocknen beiseitegestellt.

Tag 2

Thema: Schila, die Schimpansin

Material:

- Geschichte von Schila, der Schimpansin (Seite 67–69)

Ablauf:

Setzen Sie sich mit den Kindern gemütlich hin. Es muss nicht im Kreis sein, jede*r soll einen kuscheligen, angenehmen Platz finden. Erzählen Sie den Kindern, dass Sie ihnen die Geschichte einer Schimpansendame aus Ghana vorlesen.

Bevor Sie die Geschichte vorlesen, sollen die Kinder sich ganz bequem hinsetzen oder sich hinlegen.

Lesen Sie in Ruhe die Geschichte vor und besprechen Sie mit den Kindern anschließend das Gehörte:

- *Was war wichtig in Schilas Leben?*
- *Was war spannend?*
- *Was traurig?*
- *Was hat Schila erfreut?*
- *Hatte Schila ein schönes Leben?*

Da die Geschichte sehr lang ist, können Sie sie auch gut in kleinen Häppchen vorlesen. Besprechen Sie jeweils nach einem Abschnitt mit den Kindern, was bisher passiert ist. Wenn Sie den nächsten Abschnitt erst am nächsten Tag lesen, lassen Sie die Kinder vorher noch einmal kurz zusammenfassen, was passiert ist. So bleiben auch Jüngere bei der Sache und Sie erinnern am Ende das ereignisreiche Leben der Schimpansin.

Schila die Schimpansin

Endlich ist es so weit! Heute erwartet die Schimpansin Ella ihr erstes Junges. Es ist ein warmer, leicht verregneter Morgen in Afrika. Ja, Ella lebt mit ihrer Schimpansengruppe in Ghana. Ein wunderschönes afrikanisches Land. Hier gibt es den Ozean mit vielen Tieren: Seeigel, Seesterne, Barrakudas, Haie und eine Menge bunter Fische tummeln sich an der Küste. Sehr viele Insekten und große Säugetiere, wie Elefanten, Büffel und Flusspferde, nennen Ghana ihr zuhause. Dort gibt es auch einen großen, grünen, saftigen Regenwald. Hier leben die zwitschernden, bunten Vögel, Leoparden, Schlangen, Spinnen und viele Affen. In diesem großen, grünen Regenwald lebt auch Ella. Als sie gemerkt hat, dass sich ihr Junges auf den Weg in die Welt macht, hat sie sich etwas von ihrer Schimpansengruppe zurückgezogen. Ein ruhiges, sicheres Plätzchen hat sie gefunden. Ihr Herz schlägt vor Aufregung, Vorfreude und Schmerz. Dann spürt sie schon, wie sich das kleine Wesen seinen Weg ins Leben bahnt. Sie hat es geschafft! Glücklich nimmt sie ihr Junges auf den Arm und legt es sacht auf ihren warmen Bauch. „Hier bist du sicher, hier wärmt dich mein Fell, hier spürst du meinen Herzschlag", denkt Ella. Das kleine Wesen klammert sich mit den winzigen Fingern im Fell fest und atmet langsam und gleichmäßig. „Willkommen, Schila! Willkommen im Leben! Willkommen in Ghana! Ich werde dich immer lieben und für dich da sein", flüstert Ella der kleinen Schila zu.

In den ersten Monaten von Schilas Leben lässt sie ihre Mama nicht mehr los. Sie klammert sich immer in ihr Fell, trinkt die gute Muttermilch und genießt Ellas Nähe. Aber Schila hört auch schon viele Geräusche. Am meisten liebt sie das Zwitschern der Vögel und das Rascheln der Blätter. Aber am wohlsten fühlt sich Schila, wenn Ella mit ihr spricht.

Schon bald wird Schila zu groß, um an Ellas Bauch zu hängen. Ella fällt das Klettern und Laufen so immer schwerer, deswegen schiebt sie die kleine Schila sachte auf ihren Rücken. Schila blinzelt und klammert sich ängstlich fest. Hier fühlt sie sich nicht mehr so sicher. Sie krallt sich fest und kneift ängstlich die Augen zusammen!

„Hallo! Hallo, du da!", hört sie eine Stimme rufen, „Hallo? Was ist mit deinen Augen? Kannst du die nicht aufmachen?"

Langsam dreht Schila ihren Kopf in die Richtung, aus der die Stimme kommt. „Ah, hören kannst du also gut! Versuch doch mal, die Augen zu öffnen, dann klappt es vielleicht auch mit dem Sehen", sagt eine amüsierte Stimme. Schila öffnet die Augen und schaut direkt in zwei große, runde, braune Augen, die sehr vertraut und liebevoll wirken. „Na, siehst du! Das Sehen klappt auch", sagt ihr Gegenüber und die Augen glänzen fröhlich.

„Ich heiße Juma und wer bist du?"

Schila atmet noch einmal tief ein und sagt dann: „Ich heiße Schila."

„Schila, das ist ein schöner Name! Ist es dein erster Tag auf dem Rücken deiner Mama?", fragt Juma.

„Ja."

„Da hatte ich auch Angst und habe mich noch fester geklammert als sonst. Aber weißt du, auf dem Rücken ist es viel schöner. Man kann so viel sehen. Vor allem wenn unsere Mütter durch die Bäume streifen und Nahrung suchen. Es gibt hier viele tolle Bäume, bunte Vögel und vieles mehr."

Schila lächelt Juma an. Neugierig dreht sie ihren Kopf und schaut sich um. Überall ist es so grün, weiter unten sieht sie bunte Blüten und oben ist es so hell. Die Blätter ganz oben leuchten förmlich und glitzern von den Regentropfen und überall um sie herum sitzen Schimpansen. Lächelnd dreht sie sich wieder zu Juma und sagt: „Du hast Recht. Es ist wunderschön hier!"

Sie atmet noch einmal tief ein und Schila weiß, dass sie einen Freund gefunden hat. Von diesem Tag an verbringen Schila und Juma sehr viel Zeit miteinander. Ihre Mütter sind Freundinnen und

gehen häufig gemeinsam auf Nahrungssuche oder pflegen sich gegenseitig. Schila und Juma beobachten sie genau.

Eines Morgens sagt Juma: „Schila, heute verlasse ich Mamas Rücken!“ Schila schaut ihren Freund entsetzt an.

Doch Juma sagt gelassen: „Ich werde jetzt einfach langsam herrunterrutschen und mich auf den Ast neben sie setzen. Machst du mit?“

Schila schaut immer noch entsetzt, aber ihr Blick entspannt sich. Entschlossen nickt sie ihrem Freund zu. Ja, sie fühlt es auch, es ist an der Zeit, den Rücken zu verlassen.

„Ok, auf drei lassen wir langsam los“, sagt Schila „eins, zwei und drei!“

Beide lockern ihren Griff und gleiten langsam am Rücken ihrer Mütter herunter. Ihre kleinen Füße tapsen auf den Ast und gekonnt setzen sie sich nebeneinander. Glücklich beginnen sie, sich gegenseitig ihr Fell zu pflegen.

In den nächsten Tagen tollen die zwei Schimpansen fröhlich durch die Äste, sammeln Beeren und verbringen den ganzen Tag zusammen. Am liebsten sitzen sie bei den alten Schimpansen und lauschen deren Geschichten über den Wald, Leoparden, große Regenzeiten und vieles mehr. Juma ärgert am liebsten die jugendlichen Schimpansen. Heimlich legt er ihnen alte, braune Beeren auf die Äste. Wenn die sich dann setzen, haben sie lustige, braune Flecken am Popo. Juma und Schila amüsieren sich darüber aus ihrem Versteck heraus. Einmal versteckte Juma eine besonders dicke, bitter schmeckende Frucht des Kolabaumes in einer weichen Mango. Diese schenkte er Bono, einem ziemlich starken jugendlichen Affen, der sehr eingebildet war. Als Bono in die Mango biss und die Stinkfrucht im Mund hatte, spuckte er diese angewidert aus, rannte panisch runter zum Fluss und schleckte so viel Wasser, wie er konnte. Aber die Zunge war immer noch voll bitterem Kolasaft, sodass er sie sich noch mit feuchten Blättern abwischte und sich immer wieder angeekelt schüttelte. Juma und Schila lachten so laut, dass Bono sie erwischte. Wild vor Wut und mit raushängender Zunge jagte er die beiden durch die Bäume. Schila und Juma hatten Mühe, vor Lachen schnell genug wegzukommen. Aber die beiden kletterten geschickt hin und her und gelangten so in ihr Geheimversteck: eine alte, verlassene Höhle in einem Orangenbaum. Die Höhle war schmal, aber lang und wenn sich Juma und Schila zusammenkauerten, fanden sie darin Platz. Der Eingang war hinter den dichten Zweigen verborgen und so hörten sie, wie der wild gewordene Bono kreischend am Baum vorbeistürzte. Kichernd saßen die zwei in ihrem Versteck und trauten sich erst gegen Abend heraus.

So vergingen einige Jahre voller Schabernack und Freude. Schila liebte den Regenwald und kannte sich hier immer besser aus. Leicht fand sie genügend Beeren, die sie über alles liebte, und Pflanzen zum Fressen. Sie fühlte sich in ihrer Schimpansengruppe sehr sicher. Und Juma? Juma war ihr allerbester Freund!

Eines Morgens, es war noch sehr früh, konnte Schila nicht mehr schlafen. Und so beschloss sie, allein auf Nahrungssuche zu gehen. Sie wollte zu den Mangobäumen am Rande des Regenwaldes. Der Weg war weit und schwer, da die Pflanzen dort sehr dicht wuchsen. Aber Juma liebte Mangos und sie wollte ihn damit zum Mittag überraschen. Also hangelte sich Schila fröhlich von Ast zu Ast, kletterte von Baum zu Baum und kam sehr schnell voran. Dass sie aufpassen musste, wusste sie. Es gab hier viele Gefahren, die auf sie lauerten. Aber Schila kannte sich gut aus und so hatte sie keine große Angst. Sie musste an Jumas frohes, überraschtes Gesicht denken, wenn sie mit reifen, süßen Mangos vor ihm stehen würde. Wie seine Augen strahlen würden, wie das erste Mal, als sie sich gesehen haben! Schila wurde ganz warm ums Herz bei dem Gedanken. Sie mochte Juma sehr!

Plötzlich spürte sie einen Ruck. Sie wurde nach vorn geschleudert. Ihr Nacken schmerzte und sie spürte, dass sie Blut verlor. Benommen versuchte sie, sich aufzurichten, aber da erwischte sie ein weiterer

Hieb, direkt an der Schulter. Dieser Schlag hatte sie hart getroffen, sie spürte ihren Arm nicht mehr und sah die Bluttropfen auf dem Ast. Sie musste reagieren, sich wehren. Wer hatte sie angegriffen? Benommen blickte sie sich um und sah hinter den Blättern zwei gierig dreinblickende Augen, die sie starr fixiert hatten. Und schon sprang ihr Gegner auf sie zu. Schnell, elegant und hungrig! Aber Schila schaffte es, zur Seite auf den nächsten Ast zu springen. Sie hielt sich schwerfällig mit ihrem rechten Arm fest, bis sie ihr Gleichgewicht wiedergefunden hatte. Schnell griff sie nach einer Liane, die neben ihr herunterhing. Sie drehte sich um und sah schon den großen, muskulösen Leoparden mit gefletschten Zähnen auf sie zuspringen. Aber Schila hielt die Liane fest in der Hand, sprang dicht am Leoparden vorbei und trat dem überraschten Angreifer mit ihrem rechten Fuß gegen die Schnauze. Dieser kam im Flug aus dem Gleichgewicht, zappelte wild mit den Pfoten in der Luft umher, als ob er gleich losfliegen wolle, und fiel dann wie eine Kokosnuss auf die Erde. Jaulend schleppte sich der besiegte Angreifer davon.

Schila atmete tief ein und aus. Sie suchte Blätter, die sie auf ihre Wunde legen konnte, und trat ohne Mangos den Heimweg an.

Wieder in ihrer Schimpansengruppe angekommen, kümmerten sich alle um Schila. Sie gaben ihr zu trinken, zu essen und versorgten die Wunden. So war es üblich, in einer Schimpansengruppe hält man zusammen und kümmert sich umeinander. Aber vor allem Juma war für sie da. Er wich nicht von ihrer Seite. Sie spürte seine Wärme, seine sanften Finger, die ihr Fell pflegten, und sein beruhigendes Atmen.

Schila war sich sicher, dass sie Juma liebte, und auch Juma liebte Schila seit dem ersten Tag, als er sie gesehen hatte.

Beide gründeten eine Familie. Sie bekamen zwei Mädchen und einen kleinen, frechen Jungen. Schila liebte es, Mutter zu sein, und brachte ihren jungen Schimpansen alles bei, was sie wusste. Am liebsten hörten die Kinder die spannende Geschichte vom Leopardenangriff, den ihre Mutter überstanden hatte.

Schila besuchte mit ihren Kindern oft den Fluss. Gemeinsam überlegten sie, was es wohl auf der anderen Flussseite alles zu entdecken gibt. Ob es da neue Früchte und Samen gibt, die noch fruchtiger als eine reife Mango schmecken? Ob der Leopard auf der anderen Flussseite auch sein Unwesen treibt? Ob es da auch bunte zwitschernde Vögel gibt?

Schila träumte gern von der anderen Flussseite. Aber diese würde ein Traum bleiben, da sie nicht schwimmen konnte.

Juma und Schila liebten sich ein Leben lang, bis Schila eines Tages im Kreis ihrer geliebten Schimpansengruppe verstarb. Sie war 38 Jahre alt geworden und hatte ein sehr glückliches, fröhliches und mangoreiches Leben gehabt.

Lassen Sie die Kinder noch etwas ihren Gedanken nachhängen und beantworten dann eventuelle Fragen, bis sich die Gruppe langsam auflöst.

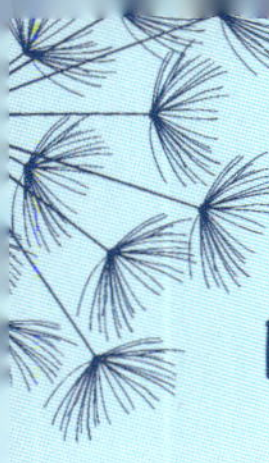

Tag 3

Thema: Sargkunst in Ghana

Material:

- Bilder von Särgen aus Ghana (Seite 71)
- Bastelunterlagen
- Papier
- Klebestreifen
- Wasserfarbe
- Pinsel
- Becher mit Wasser
- farblose Kerzen
- schwarze Tusche
- Zahnstocher

Ablauf:

Erläutern Sie kurz, dass es heute um Ghana geht und um eine ganz besondere Tradition. Erzählen Sie den Kindern von dem Schreinermeister und den verrückten Särgen (Seite 64) und zeigen Sie den Kindern die Bilder der Särge (Seite 71). Vielleicht fallen den Kindern direkt andere verrückte Särge ein, die man bauen könnte?
Gehen Sie nun noch einmal auf die Geschichte von gestern ein. Was hatte Schila für ein Leben?

Jedes Kind erhält ein weißes Blatt Papier und klebt dieses mit Klebestreifen an der Bastelunterlage fest. Danach kann das Blatt mit den Wasserfarben bunt oder einfarbig bemalt werden. Es können Muster, Kreise und vieles mehr entstehen. Die Kinder sollen an die gehörte Geschichte denken und einfach nach ihren Gefühlen ein buntes Bild gestalten.

Wenn die Blätter getrocknet sind, werden diese mit den farblosen Kerzen eingerieben. Dabei dürfen sie ruhig sehr großzügig das Wachs gut auf dem Blatt verteilen. Mit der schwarzen Farbe wird das ganze Bild bemalt. In der Regel müssen zwei Schichten schwarze Farbe aufgetragen werden, sodass das ganze Bild bedeckt ist.

Wenn die Farbe getrocknet ist, können die Kratzbilder entstehen. Hierfür werden die Zahnstocher verteilt. Die Kinder sollen an Schila, die Schimpansin und deren Leben denken. Wie könnte der Sarg für Schila aussehen? Welche Form würde dieser haben, welche Bilder würden auf dem Sarg Platz finden, um das Leben von Schila zu beschreiben?

Die Kinder können frei einen Sarg für die Schimpansin gestalten, ganz nach der Sargkunst aus Ghana. Die Bilder können zusammen mit der Geschichte für die Eltern und die anderen Kinder ausgestellt werden.

© George Konkoly-Thege – Shutterstock.com

© Homo Cosmicos – Shutterstock.com

Tag 4

Thema: Ein Lied für Schila, die Schimpansin

Material:

- getrocknete Trommeln (Seite 65)
- Kratzbilder (Seite 71)
- Federn
- bunte Bänder
- Perlen

Ablauf:

Jedes Kind nimmt sich seine gebastelte Trommel. Diese kann heute nach Belieben verziert werden. Dafür können die Perlen auf die bunten Bänder gefädelt werden und die Federn dazwischengeknotet. So entsteht eine bunte Kette. Diese wird einfach um die Trommeln gebunden.

Setzen Sie sich im Kreis auf den Boden und jedes Kind nimmt seine Trommel.

Legen Sie die Kratzbilder der Kinder in die Kreismitte und betrachten Sie sie noch einmal gemeinsam.

Erinnern Sie die Kinder an die Geschichte von Schila. Versuchen Sie, den Ablauf der Geschichte in Musik zu verwandeln: ruhig bei der Geburt, fröhlich beim Freundschaftschließen mit Juma, spannend, als der Leopard kommt, und so weiter. Binden Sie die Kinder und ihre Ideen ein. Vielleicht fällt den Kindern auch ein kleiner Text ein. Lassen Sie der Kreativität freien Lauf.

Wenn die Möglichkeit besteht, können Sie das Musikstück aufzeichnen. Die Kinder hören es sich aus meiner Erfahrung unglaublich gern immer wieder an.

Indien

Hintergrundinfo: Trauer in Indien

Bollywood, Yoga und indisches Essen gehören mittlerweile zu dem Leben vieler Menschen in Deutschland und sind nicht mehr wegzudenken. Indien liegt in Südostasien und seine Haupstadt ist Neu-Delhi. Seine Amtssprachen sind Hindi und Englisch, daneben gibt es aber 21 weitere anerkannte Sprachen. Indien ist wahrlich ein sehr lebendiges Land. Es ist auf Platz zwei der Weltrangliste, wenn es um die Bevölkerungsdichte geht.

Die meisten Menschen in Indien gehören dem Hinduismus an.

Die Hindus glauben an die Wiedergeburt. In welcher Gestalt man wiedergeboren wird, ist abhängig vom Karma. Das Karma setzt sich aus den guten und schlechten Taten zusammen. Die Hindus versuchen, ein positives Karma zu haben und so nach dem Tod ins Brahman-Nirwana zu gelangen.

Nach hinduistischem Glauben besteht der Körper aus dem biologischen Körper und dem Atma. Atma ist die Seele, bestehend aus Gedanken und Gefühlen.

Der Tod ist in Indien mit Trauer verbunden, aber auch mit Befreiung. Atma wird wiedergeboren und so ist der Tod kein Ende, sondern der Anfang von etwas Neuem.

Der*die Verstorbene wird vom ältesten Sohn gewaschen, eingekleidet und in weiße Tücher gewickelt. Danach wird der Leichnam zu Hause aufgebahrt, mit dem Kopf in Richtung Süden. Hier soll der Todesgott Yama sein. Bei Frauen wird ans Fußende eine brennende Kerze gestellt, bei Männern ans Kopfende.

Häufig findet eine Feuerbestattung statt. Die Asche wird dann in der Natur oder im heiligen Fluss, dem Ganges, verstreut.

Um den*die Verstorbene*n zu ehren, werden brennende Kerzen und Blüten in Flüsse und Bäche gelegt. Dieser Brauch, Shaddra genannt, wird jedes Jahr am Todestag des*der Verstorbenen vollzogen.

© Leonard Hugo – Shutterstock.com

Tag 1

Thema: Auf geht's nach Indien – erste Eindrücke

Material:

- Globus (oder Landkarte)
- Tadsch Mahal als Scherenschnitt
- Schale mit Curry, Kurkuma und anderen typischen Gewürzen
- Schale mit Reis
- Bilder von typischer indischer Kleidung
- Tiger-, Rinder- und Elefantenfigur
- buntes Tuch
- 2 aus Papier ausgeschnittene Menschen
- 1 etwas kleinerer aus Papier ausgeschnittener Mensch in einer anderen Farbe
- 2 Teelichter
- Feuerzeug oder Streichhölzer
- Schwimmkerzen
- Blüten
- Schale mit Blüten und Kerze
- blaues Tuch

Ablauf:

Am besten setzen Sie sich mit den Kindern in einen Kreis.

Lassen Sie das Tuch von einem oder zwei Kindern in der Mitte des Kreises ausbreiten. Holen Sie den Globus hervor und stellen diesen in die Mitte des Kreises. Dann holen Sie nach und nach die Dinge aus der Materialliste (und gern weitere typische indische Dinge) hervor. Diese darf immer ein Kind den anderen zeigen, bevor die Dinge in der Mitte des Kreises auf dem Tuch ihren Platz finden. Am Ende zeigen Sie auf dem Globus, um welches Land es geht, um Indien.

Beschreiben Sie das Land mit seiner bunten Flora und Fauna, den Menschen und der Kultur.

Legen Sie beide ausgeschnittenen Menschen in die Mitte und Atma, als etwas kleineren ausgeschnittenen Menschen in einer anderen Farbe darauf. Erklären Sie den Kindern anhand der Bilder die Bedeutung von Atma und auch das Ritual mit der brennenden Kerze (Seite 73).

Stellen Sie eine brennende Kerze an das Fußende der einen Figur und die andere brennende Kerze an das Kopfende der anderen Figur.

Wenn Sie erklären, dass am Todestag Blumen und Kerzen in ein fließendes Gewässer gegeben werden, darf ein Kind das blaue Tuch in die Mitte legen. Weitere Kinder können auf dieses die Kerzen, Blüten und die Schale mit Blumen stellen.

Geben Sie den Kindern eine kleine Vorschau auf die Angebote in den kommenden Tagen. Es gibt doch nichts Schöneres als Vorfreude.

Tag 2

Thema: Blätterschalen

Material:

- bunte, gepresste und getrocknete Blätter (zum Beispiel vom Ahornbaum)
- Tapetenkleister
- Eimer
- kleine Schalen oder Becher für den Kleister
- 1 Pinsel
- 1 Luftballon pro Kind (plus evtl. Ersatz) plus Ballonpumpe
- 1 Schale pro Kind

Ablauf:

Fordern Sie alle Kinder, die Lust haben, eine Blätterschale zu basteln, auf, zum Basteltisch zu kommen. Hier können Sie als Erstes, gemeinsam mit den Kindern, den Tapetenkleister gemäß Anleitung anrühren.

Dann darf sich jedes Kind einen Ballon aussuchen. Pumpen Sie ihn gemeinsam mit dem Kind auf.

Jedes Kind bekommt eine Schale, auf die es seinen Luftballon legen kann.

Den Tapetenkleister füllen Sie in kleine Schalen oder Becher und verteilen diese auf dem Tisch. Auch die bunten, gepressten und getrockneten Blätter werden auf dem Tisch verteilt und jedes Kind erhält einen Pinsel.

Jetzt werden der Kleister und die Blätter abwechselnd auf die Hälfte des Luftballons aufgetragen. Die erste und die letzte Schicht sollten Kleister sein. Die Pinsel nutzen die Kinder zum Auftragen des Kleisters.

Am Ende stellen sie die Ballons mit der Schale beiseite, wo diese trocknen können.

Tag 3

Thema: Kerzen gießen

Material:

- Topf mit Wasser
- Wachs- und Kerzenreste
- alte Dosen, Töpfe oder Kanne für ein Wasserbad
- Docht
- Schaschlikspieße oder Streichhölzer
- Öl
- Keksausstecher in verschiedenen Formen
- Tablett mit Sand
- evtl. Glitzer

Ablauf:

Als ersten Schritt können die Kinder das Wachs farblich in die alten Dosen und/oder Töpfe sortieren.
Dann ölen Sie die Keksausstecher ein und stellen sie auf das Sandtablett, drücken Sie sie leicht ein, damit unten kein Wachs herauslaufen kann.
Den Docht schneiden Sie in kleine Stücke und stecken ihn mittig vom Ausstecher in den Sand.
Nun schmelzen Sie die Kerzenreste im Wasserbad und gießen sie anschließend vorsichtig in die Keksausstecher. Das Schmelzen übernehmen Erwachsene. Beim Eingießen können die Kinder je nach Situation und Alter unter Aufsicht mitmachen. Den Docht legen Sie über das Stäbchen oder Streichholz, damit er nicht in die Kerze fällt. Wenn Sie ein bisschen Glitzer zu der Kerze hinzufügen möchten, müssen Sie nun schnell sein: Solange das Wachs noch flüssig ist, verteilt der Glitzer sich ganz gleichmäßig auf der ganzen Kerze.

Lassen Sie das Wachs in der Kerze gut trocknen und drücken Sie die Kerzen dann aus den Ausstechern heraus.

Tag 4

Thema: Blüten basteln

Material:

- Scheren
- Pfeifenreiniger oder Basteldraht
- Krepppapier in verschiedenen Farben

Ablauf:

Das Blütenbasteln kennen die Kinder bereits vom Mexiko-Projekt (Seite 59).

Von der Krepppapierrolle werden ca. 6 cm breite Streifen abgeschnitten. Diese Streifen werden auseinandergerollt. Das eine Ende halten sie mit zwei Fingern fest und rollen dann nach und nach das Krepppapier im Kreis auf. Hierbei können Sie es etwas raffen. Wenn der Papierstreifen endet, biegen sie die äußeren Blütenblätter etwas auseinander.

Zum Schluss wickeln sie ein Stück Pfeifenreiniger oder Basteldraht um das untere Ende der Blüte. So wird diese fixiert und ist fertig.
Sie können die Blüten auch mehrfarbig machen.

Tag 5

Thema: Abschlussfeier

Material:

- getrocknete Luftballons von Tag 2 (Seite 75)
- Nadel
- gebastelte Kerzen
- Feuerzeug/Streichhölzer
- gebastelte Blüten
- Schalen mit Wasser
- blaue Tücher/Tischdecke
- Geschirr und Besteck für alle
- indisches Essen (2 einfache Rezepte finden Sie auf der folgenden Seite)

Ablauf:

Für die Abschlussfeier ist es besonders schön, wenn Sie ein gemeinsames Mahl erstellen. Ganz einfache Rezepte dafür finden Sie auf der folgenden Seite. Beide Rezepte habe ich schon oft mit Kindern zusammen gekocht.

Am Anfang können Sie mit den Kindern die Blätterschalen fertigstellen. Hierfür werden die getrockneten Luftballons geholt. Den Luftballon zerstechen Sie vorsichtig mit einer Nadel und entfernen diesen.

Gemeinsam mit den Kindern wird der Tisch gedeckt. Die Tischdecke und/oder die Tücher finden auf dem Tisch ihren Platz. Auf diesen werden die Blätterschalen gestellt und mit den gebastelten Blüten gefüllt. Einige Blüten können auch lose auf dem Tisch verteilt werden, ebenso die Schalen mit Wasser.

Wenn Sie auch gemeinsam kochen möchten, können Sie die Kerzen nun zuerst beiseitestellen und sich erst um die Zubereitung des Essens kümmern.

Bevor Sie das Essen auf der indischen Gedenkfeier servieren, versammeln Sie sich mit den Kindern am gedeckten Tisch. Geben Sie jedem Kind eine Schwimmkerze.

Bitten Sie die Kinder, zur Ruhe zu kommen, um gemeinsam an die Toten denken zu können. Jedes Kind kann frei entscheiden, ob es sagen will, an wen es denkt. Dies können ein geliebter Mensch, ein wertvolles Haustier oder ein Tier, welches tot im Garten lag, sein. Immer wenn ein Kind sagt (oder verschweigt), wessen es gedenkt, wird seine Kerze entzündet und das Kind darf sie in eine Wasserschale legen. Am Ende können Sie noch einmal zum Gedenken an alle Verstorbenen aufrufen und für all diese Menschen und Tiere entzünden Sie die restlichen Kerzen und verteilen sie in die Wasserschalen.

PRAXISTIPP:

Sollten Sie mit den Kindern gemeinsam kochen, erinnern Sie sie an einfache Hygieneregeln:

- ✔ *Hände waschen*
- ✔ *Haare zurückbinden*
- ✔ *nur mit Probierlöffel probieren*

Hähnchen-Ananas-Curry

Zutaten (für ca. 8 Kinder):

- 800 g Hähnchenbrust
- 2 Dosen Kokosmilch
- 2 Dosen Ananas
- 4 Frühlingszwiebeln
- Salz
- Pfeffer
- Curry
- 4 EL Öl (ideal ist Sesamöl)
- Mandelplättchen

Außerdem:

- 1 große Pfanne

Zubereitung:

Das Hähnchenfleisch in kleine Stücke schneiden und mit Salz und Pfeffer würzen. Die Frühlingszwiebeln in dünne Scheiben schneiden und zusammen mit dem Fleisch in einer großen Pfanne mit Öl braten.

Wenn alles gut angebraten ist, die Mandelplättchen hinzufügen und mit anbraten. Anschließend alles mit der Kokosmilch aufgießen und ca. 10 Minuten auf mittlerer Flamme köcheln lassen.

Dann mit Curry würzen, die Ananas hinzugeben und nochmals 5 Minuten köcheln lassen. Am Ende können Sie alles abschmecken und je nach Geschmack nachwürzen.

Chapatis

Zutaten (für ca. 12 Chapatis):

- 2 Tassen Mehl
- 1 Prise Salz
- 1 TL Öl
- ½ Tasse Wasser

Außerdem:

- 1 große Pfanne

Zubereitung:

Mehl, Salz und Öl in eine Schüssel geben. Alles vermengen und während des Knetens das Wasser langsam hinzufügen. Wenn ein geschmeidiger Teig entstanden ist, decken Sie diesen ab und lassen ihn 10 Minuten ruhen.

Den Teig in zwölf Stücke einteilen, mit Mehl bestäuben und diese zu einem Kreis ausrollen.

Dann werden die Chapatis von jeder Seite für 1 ½ Minuten in einer heißen Pfanne ohne Öl gebraten.

Die Chapatis werden beim Essen wie ein Löffel genutzt. Hierfür können sie eingerollt werden oder Stücke davon werden geklappt, um so die restlichen Speisen aufzunehmen.

Anschließend servieren Sie gemeinsam das Essen. Aus meiner Erfahrung entstehen beim Essen automatisch Gespräche über die Verstorbenen. Die Kinder sehen ihre Kerze und erzählen, für wen sie brennt. Ich habe diesen Abschluss der Projektwoche immer als sehr angenehm empfunden.

Deutschland

Nach der Reise durch die Kulturen landen Sie nun also zu Hause. Was ist eigentlich typisch für Deutschland und seine Kultur? Und wie wird hier mit dem Tod umgegangen? Durch die vielfältigen Angebote, die Feiern und die Altäre haben die Kinder hoffentlich die Fähigkeit erworben, völlig unbeschwert darüber zu reden. In diesem letzten Teil des Projektes tritt der Tod sehr viel näher, denn nun werden ganz konkrete Ausflüge unternommen.
Wir begegnen dem Tod nicht nur durch Gespräche und Bilder, sondern erleben ihn in unserem sozialen Umfeld. Er wird somit greifbarer und noch erfahrbarer.
Gerade in dieser Projektzeit sollten Sie sehr aufmerksam sein und die Kinder im Blick haben, sodass Sie Gespräche bewusst auffangen und Emotionen wahrnehmen können.
Für einige Kinder kann gerade der Ausflug zum Friedhof sehr persönlich sein. Vielleicht liegt hier ein Familienmitglied oder ein*e Freund*in der Familie beerdigt.
Tod und Trauer rücken für die Kinder näher. Oft habe ich die Erfahrung gemacht, dass die Kinder bei dem Thema vermehrt das Gespräch mit den Eltern und Erzieher*innen suchen. Waren diese schon auf einer Beerdigung? Was haben sie getragen?
Auch bei Ihnen als Erzieher*in kommen sicherlich Erinnerungen hoch. Diese können Sie gern mit den Kindern teilen. Es liegt eine spannende Zeit vor Ihnen und den Kindern.

Tag 1

Thema: Tod und Trauer anhand eines Kinderbuches

Material:

- Globus (oder Landkarte)
- 1 Buch zum Thema Trauer (ich nutze sehr gern das Buch „Abschied von Rune")
- Bastelunterlagen
- mehrere glatte Steine
- Pinsel
- mehrere Becher mit Wasser
- Plakatfarben

Ablauf:

Mit den Kindern sitzen Sie wieder im Kreis um den Globus herum und beenden nun Ihre Reise, indem Sie zurück nach Deutschland kommen: Vielleicht haben Sie Lust, die Erlebnisse und Erfahrungen der letzten Woche ganz kurz zusammenzufassen. Über welche Länder und deren Umgang mit Tod und Trauer wurde gesprochen? Was wurde erlebt?
Versuchen Sie, durch ein Gespräch mit den Kindern den Übergang zur Trauerkultur bei uns zu schaffen. Kommen Sie mit den Kindern ins Gespräch. Beantworten Sie Fragen und leiten Sie dann langsam zum Buch über.

Die Kinder sollen sich einen gemütlichen Platz suchen. Schaffen Sie eine ruhige Atmosphäre und lesen Sie langsam das Buch vor. Das Buch „Abschied von Rune" gehört zu meinen Favoriten. Ich finde es sehr liebevoll geschrieben und passend gestaltet. Es ist ehrlich und dennoch einfühlsam. Aus meiner Praxiserfahrung ist dieses Buch ein sehr schöner Einstieg für intensive, bereichernde Gespräche mit Kindern über das Thema Trauer und Tod.
Kurzbeschreibung: Rune ist Saras Freund. Beim gemeinsamen Spielen am Wasser ertrinkt Rune. Er stirbt und Sara muss dieses Erlebnis und diesen Verlust verkraften.

Nach dem Vorlesen gehen Sie mit den Kindern an den Basteltisch. Jedes Kind kann sich einen Stein aussuchen und diesen mit den Farben Schwarz, Grau und Weiß gestalten. Auf dem Stein können Szenen aus dem Buch und Gefühle als Muster Platz finden oder der Stein wird einfarbig. Die Kinder sollen versuchen, dass Gehörte und ihr eigenes Empfinden dabei auf dem Stein auszudrücken. Die Steine werden zum Trocknen auf einen Tisch gelegt. Wer möchte, kann seinen Stein zeigen und etwas dazu sagen. Auch Sie können einen Stein bemalen und den Kindern erklären, was ihr Stein ausdrücken soll.

Abschließend erzählen Sie den Kindern von dem morgigen Ausflug auf den Friedhof.

© eplisterra – stock.adobe.com

Tag 2

Thema: Der erste Ausflug zum Friedhof

Oft haben wir Erwachsene eine gewisse Scheu, Kinder mit auf den Friedhof zu nehmen. Kinder sind das aufblühende Leben und wir haben oft das Gefühl, dass sie nicht an einen Ort gehören, der Trauer und Tod in sich birgt.

Aber für Kinder ist es eine bereichernde Erfahrung, den Friedhof zu besuchen, und aus diesem Grunde möchte ich Ihnen diesen Ausflug empfehlen. Erklären Sie vor dem Betreten des Friedhofs, wie man sich auf diesem verhält und dass Rennen und Schreien von Besucher*innen des Friedhofs als störend empfunden werden können. Daher gehen wir langsam und unterhalten uns in einer ruhigen Lautstärke.

Ich habe mit den Kindern gleich 2-mal den Friedhof besucht und das jeweils unter verschiedenen Aspekten. Ob sich das für Sie auch anbietet, müssen Sie selbst entscheiden. Der erste Ausflug kann den Kindern den Friedhof als Naturraum näherbringen.
Es gibt viele Pflanzen auf einem Friedhof und auch viele Tiere haben hier ein Zuhause gefunden.

Vorab können Sie mit dem*der Friedhofswärter*in Kontakt aufnehmen und diese*n auch diesbezüglich um Auskunft bitten. Gibt es ein Vogelnest, einen Fuchsbau, Maulwurfshügel, besondere Pflanzen oder Ähnliches, das für die Kinder interessant sein könnte? So lernen sie den Friedhof von einer anderen Seite kennen. Ein Friedhof vereint Leben und Tod.

Verhaltensregeln auf dem Friedhof

- ✔ *Wir rennen nicht.*
- ✔ *Wir versuchen, leise zu sein, und nehmen Rücksicht auf Trauernde.*
- ✔ *Wir bleiben auf den Wegen.*
- ✔ *Wir nutzen keine Spielgeräte (Bälle, Fahrräder ...).*
- ✔ *Wir pflücken keine Blumen.*
- ✔ *Wir verlassen den Friedhof, wie wir ihn vorgefunden haben.*

Tag 3

Thema: Der zweite Ausflug zum Friedhof

Der zweite Ausflug zum Friedhof soll uns den Friedhof als Ruhestätte näherbringen.

Vorab sollten Sie natürlich mit den Kindern sprechen:

- *Wer war schon einmal auf einem Friedhof?*
- *Was ist ein Friedhof?*
- *Warum heißt der Friedhof „Friedhof"?*
- *Wie verhalten wir uns auf einem Friedhof?*

Und die Kinder haben sicher noch viel mehr Fragen, die Sie vor dem Besuch beantworten sollten. So steigt auch die Neugier auf diesen Ausflug. Auf dem Friedhof verhalten sich natürlich alle leise und rennen nicht wild umher. Betrachten Sie den Friedhof erst sachlich und dann emotional.

Sachliche Blickwinkel sind zum Beispiel: Wo gibt es das Wasser für die Blumen? Muss jeder seine Gießkanne selbst mitbringen? Wo bleiben das Unkraut und die verwelkten Pflanzen, welche von den Gräbern entfernt werden? Wer kümmert sich um die Wege, damit diese sauber und schön bleiben?

Die emotionale Sichtweise ist die auf die Gräber. Wie heißt der Mensch, der hier begraben wurde? Wie alt ist er geworden? Gibt es andere Besucher*innen auf dem Friedhof? Wie unterschiedlich sehen die Grabsteine aus? Gibt es Urnengräber?

Bei diesem Ausflug sind Sie als Erzieher*in sehr gefordert und Sie sollten sich auf diesen Ausflug gut vorbereiten. Es gibt viele Fragen, die auf Antworten hoffen, und Emotionen, die aufgefangen werden wollen.

Scheuen Sie sich aber nicht, es zuzugeben, wenn Sie die Antwort nicht wissen, und den Kindern zu sagen, dass Sie dies auch erst Nachlesen müssen.

Wichtig ist nicht, auf alles eine Antwort zu haben, sondern mit den Kindern im Austausch zu sein und gemeinsam Antworten zu finden.

Der Friedhof als Ruhestätte

Sie können sehr gern die bemalten Steine vom ersten Deutschland-Projekttag mitnehmen.
Die Kinder können ihren Stein oder eine Kerze auf ein Grab legen und dieses so verschönern. Aus meiner Erfahrung empfinden die Kinder es als einen besonderen Moment, etwas zu hinterlassen. Im Idealfall kennen Sie eine Grabstelle und wissen, dass es die Angehörigen nicht stört.

Tag 4

Thema: Ausflug zum*r Bestatter*in

Dieser Ausflug sollte sehr gut vorbereitet sein und wirklich erst am Ende des Projektes stattfinden. Vielleicht finden Sie eine*n Bestatter*in, der*die schon häufiger Kindergruppen empfangen hat. Wenn dies nicht der Fall ist, Sie aber eine*n Bestatter*in finden, der*die sich gerne Zeit für Sie nimmt, sollten Sie vorher einen Gesprächstermin mit ihm*ihr vereinbaren. Hier sollten Sie besprechen, was die Kinder in der Projektzeit erlebt haben, was sie interessiert und ob es auch Ängste gibt, auf die Sie Rücksicht nehmen sollten. Bei einem Bestattungsinstitut können die Kinder das Auto betrachten, Urnen, Särge, etwas über Grabschmuck, Trauermusik und vieles mehr erfahren. Gerade dieser Ausflug ruft eine gewisse Scheu und Hemmung hervor. Aus eigener Erfahrung kann ich Ihnen aber sagen, dass die Kinder wirklich mit viel Interesse darauf reagieren und sie etliche Fragen haben. Hier kamen auch Fragen auf wie: „Was wird aus dem Sarg in der Erde? Geht der nicht kaputt und dann kommen die Würmer an den Toten?“, „Wie passt ein Mensch in die Urne?“ und viele mehr.

Dies sind Fragen, die auf uns makaber oder abschreckend wirken. Aber sie zeigen das Interesse der Kinder. Sie machen sich Gedanken und trauen sich, diese in Fragen zu formulieren. Und Wissen nimmt uns die Angst. Erklären Sie den Kindern, dass der Sarg vergänglich ist, wie das Leben, aber aus allem auch etwas Neues entsteht. So wird aus dem verrotteten Holzsarg neue Erde, neuer Nährstoff für Pflanzen und Tiere.

Trauen Sie sich, zu antworten und zu erklären, immer auf eine altersentsprechende Art und Weise.

Tag 5

Thema: Rückblick auf die erlebten Ausflüge

Material:

- Bastelunterlagen
- schwarzes Tonpapier in A3 oder A4
- Pastellkreide

Ablauf:

Kommen Sie mit den Kindern über das Erlebte noch einmal ins Gespräch. Lenken Sie am Ende des Gesprächs den Fokus auf den Friedhofsbesuch.

- Der Friedhof ist ein Ort der Ruhe, des Gedenkens und der Trauer.
- Wir haben viel über den Ablauf einer Beerdigung gehört.
- Der Friedhof ist ein Ort, der für viele bedrückend, traurig und dunkel ist.

Sie können das schwarze Papier zeigen, welches die dunkle Seite des Friedhofs symbolisiert.

- Der Friedhof ist auch ein Lebensraum für viele Tiere und Pflanzen.
- Menschen können auf dem Friedhof Ruhe und Trost finden. Sie können sich den Verstorbenen nahe fühlen.

Erläutern Sie das weitere Vorhaben. Mithilfe der hellen Pastellkreide können die Kinder ihr schwarzes Blatt hoffnungsvoller und bunt gestalten. Lassen Sie die Kinder kreativ sein. Die Kinder sollen allein entscheiden, wie sie ihr Bild gestalten. Egal ob ein Muster, welches Gefühle ausdrückt, ein realitätsnahes Bild vom Friedhof oder einfach mit hellen Strahlen. Es entstehen wundervolle, leuchtende Bilder, die Tod und Leben vereinen.

Begleiten Sie das kreative Geschehen am Tisch. Die Bilder können am Ende ausgestellt werden oder sie werden für den großen Projektabschluss zur Seite gelegt.

Projektabschluss

Thema: Das Ende einer spannenden Reise

Material:

- Globus (oder Weltkarte)
- die *Ofrendas* aus der Mexiko-Einheit
- die Kratzbilder vom Sarg aus Ghana
- einige Kerzen und Blätterschalen aus der Indien-Einheit
- die bemalten Steine aus den Deutschland-Tagen

Ablauf:

Setzen Sie sich mit den Kindern wieder um den Globus als Mittelpunkt in den Kreis. Kommen Sie mit den Kindern ins Gespräch über die letzten Wochen und über ihre Erlebnisse.

Die Kinder erinnern sich sicher noch an die erste Reise. Vielleicht kann sogar noch jemand zeigen, wo auf dem Globus Mexiko liegt? Jeder darf seine „*Ofrenda*" holen und diese in die Mitte des Kreises stellen. Betrachten Sie gemeinsam die „*Ofrendas*" und fassen noch einmal das Fest „*Día de los Muertos*" zusammen.

Ghana war die zweite Station. Fassen Sie auch hier das Erlebte kurz mit den Kindern zusammen. Dann können die Kinder ihre Kratzbilder in die Mitte legen und alle können sich noch einmal die unterschiedlichen Bilder ansehen.

Auch das dritte Reiseziel, Indien, und dessen Trauerkultur können Sie mit den Kindern noch einmal wiederholen, bevor die Kinder ihre Blätterschalen und Kerzen in der Kreismitte verteilen.

Den Abschluss bilden die Kreidebilder. Auch diese finden ihren Platz in der Mitte des Kreises. Fassen Sie hier ebenfalls kurz die Erlebnisse von den Projekttagen zusammen.
Trauer, Abschied, Verlust, Tod – all das wird von Traurigkeit, Schmerz und Tränen begleitet. Aber die Kinder durften auch erfahren, dass es ebenso um Wertschätzung, Liebe, Anerkennung und Gemeinschaft geht. Wenn Sie in die Mitte des Kreises schauen, finden Sie dies wieder. Es gibt dunkle Farben, Erinnerungen, Licht und bunte Farben. Jemanden zu verlieren, ist schlimm, es tut weh. Aber die Begegnung mit dem Menschen hat unser Leben bereichert, uns schöne Erinnerungen und gute Gefühle beschert.

Wenn Sie und die Kinder eine Ausstellung organisieren wollen, können alle Werke auf einem Tisch und an der Wand Platz finden. So wird das Erlebte für alle sichtbar und auch für die Kinder bleibt es noch eine Weile im Blickfeld. Die Werke regen auch noch zu weiteren Gesprächen und Fragen an. Für diese sollten Sie sich natürlich auch in den kommenden Tagen Zeit nehmen. Auch die Bücher sollten für die Kinder zugänglich bleiben.

Ich hoffe, dass Sie eine schöne und spannende Projektzeit mit den Kindern erlebt haben!

Projektideen: Werden und Vergehen

Das Thema Tod kommt in der Natur ganz allgemein vor, in der Form des Werdens und Vergehens. Wenn Sie mit den Kindern gemeinsam den Jahreskreislauf betrachten, das Absterben und wieder neu Erblühen von Pflanzen, können Sie einen ganz natürlichen Zugang zum Kreislauf des Lebens schaffen.

Hier finden Sie ein paar Anregungen, die Sie im Rahmen eines Projekts zum Thema Werden und Vergehen umsetzen können.

1. Baum über das ganze Jahr beobachten

Einen Baum finden Sie in der Nähe fast jeder Kita, auch wenn Sie sich in der Stadt befinden, und Bäume demonstrieren wunderbar unsere Jahreszeiten. Machen Sie mit den Kindern diesen Baum zu Ihrem Forschungsobjekt. Nehmen Sie am besten zu jedem Besuch eine Kamera mit und lassen Sie die Kinder den Baum fotografieren. Je öfter Sie den Baum beobachten, desto mehr Details werden die Kinder feststellen und wenn Sie die Fotos haben, werden die Kinder eindrucksvoll die Unterschiede erkennen. Wenn der Baum seine Blätter verliert, schauen Sie auch, wo die Blätter nun sind (wobei es hier natürlich schön ist, wenn Sie einen Baum im Wald beobachten können, bei dem die Blätter auch liegen bleiben dürfen). Was passiert mit den Blättern? Wie riechen sie? Was passiert mit den Samen, die im Frühjahr herunterfallen? Finden Sie kleine Sprösslinge, die aus der Erde wachsen? Diese werden vielleicht nie zu einem ganzen Baum werden, weil sie im Schatten des großen Baumes stehen – aber wie kommen die Samen an andere Stellen? Welche Früchte trägt der Baum und wer profitiert davon?

Hängen Sie die ausgedruckten Bilder des Baums an eine Stellwand oder – wenn Sie nicht genug Platz haben – legen Sie einen Ordner an. Die Kinder können hierbei sehr viel lernen.

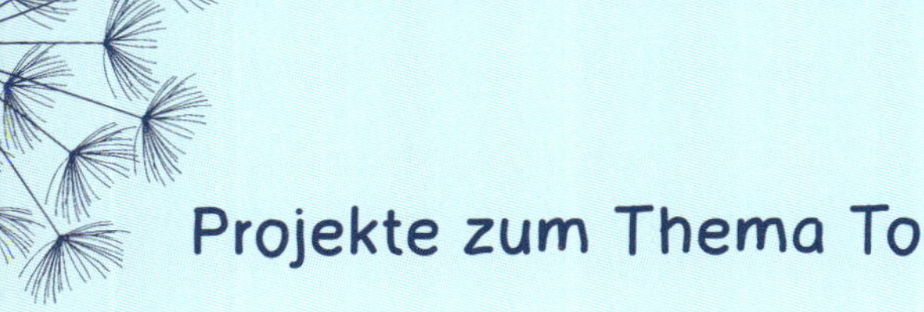

2. Beobachtungsstation Regenwurm

Kinder lieben Regenwürmer und sie lassen sich toll beobachten. Die Kinder können so erleben, wie aus lebendigem Material (Blättern, Gräsern) Erde wird. So kann man sich allgemein das Thema Werden und Vergehen vorstellen. Manche Kinder verstehen aber auch bereits, dass im Grunde genau das mit dem Sarg unter der Erde passiert. Auf jeden Fall ist eine solche Beobachtungsstation spannend für alle

Material:

- 1 Einmachglas oder eine schmale Vase
- Sand
- Erde
- Blätter/Gräser
- 1 handelsübliche Sprühflasche
- 1 Tuch zum Abdecken der Station
- Regenwürmer aus dem Garten

Ablauf:

Das Glas wird als Erstes mit Erde befüllt und die zweite Schicht besteht aus Sand. So wird das Glas abwechselnd befüllt. Es entstehen helle und dunkle Schichten, die gut zu erkennen sind.
Die letzte Schicht besteht aus einzelnen Blättern oder Gras. Jetzt können die Regenwürmer ihr zeitweiliges Zuhause beziehen. Sammeln Sie die Würmer vorsichtig mit den Kindern im Garten. Diese werden einfach oben auf die Blätter-Erde-Schicht gelegt. Bevor sich die neuen Kita-Bewohner vergraben, können sie mit einer Lupe genau betrachtet werden.
Anschließend decken Sie das Glas mit dem Tuch ab und stellen es an einen sicheren Ort ohne zu starke Sonneneinstrahlung.

In den nächsten Tagen sollte die Erde feucht, nicht nass gehalten werden. Dies können die Kinder mit der Sprühflasche machen. Außerdem müssen die Regenwürmer mit Blättern und Gras gefüttert werden.

In den nächsten Tagen können Sie mit den Kindern beobachten, wie die Regenwürmer Gänge graben und wie verzweigt diese sind. Sie mischen die Erde mit dem Sand, die Blätter und das Gras verschwinden von der Oberfläche und werden dank der Regenwürmer zu neuer Erde.

Am Ende werden die Würmer wieder im Garten freigelassen, damit sie dort weiter die Erde locker halten und für frische, nährstoffreiche Erde sorgen.

3. Senfsamen aussäen

Senfsamen eignen sich sehr gut zum Aussäen mit Kindern. Die Pflanze wächst recht schnell und ist leicht zu pflegen. Entweder Sie pflanzen diese gemeinsam oder jedes Kind bekommt seinen eigenen Samen.

Falls Sie sich dazu entschließen, dass jedes Kind seinen eigenen Samen erhält, eignen sich für die Aussaat sehr gut Joghurtbecher. Den Becher füllt das Kind mit Erde, in die Mitte legt es den Samen und bedeckt diesen ebenfalls leicht mit Erde. Jetzt wird ein sonniges Plätzchen gesucht und die Saat jeden Tag leicht befeuchtet. Bald ist der erste Keim zu entdecken und aus einem kleinen Samen wächst eine Pflanze. Neues Leben entsteht und blüht langsam auf.

Aus einem kleinen Samen wächst eine Pflanze.

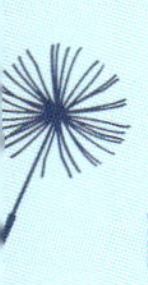

Neues Leben entsteht und blüht langsam auf.

4. Komposthaufen im Glas

Material:

- Einmachglas
- Komposterde
- Küchenabfälle (Salat, Möhrenschalen, Apfelschalen, Unkraut ...)
- alter Feinstrumpf oder Feinstrumpfhose
- Zeitungspapier
- Wasser
- Gummi

Ablauf:

Als Erstes zerreißen die Kinder die Zeitung und befeuchten diese mit Wasser. Die nassen Zeitungsstücke werden als unterste Schicht in unserem Kompostglas verwendet. Die zweite Schicht bildet Komposterde. Jetzt wird es für die Kinder am interessantesten. Als dritte Schicht dürfen sie die Abfälle in das Glas geben. Hier ist alles, was komposttierbar ist, möglich. Die Sachen können von den Kindern vorher gesammelt werden. Vielleicht gab es am Vormittag einen Obst- und Gemüseteller und hier sind Schalen und Kerne übrig. Oder Sie haben im Garten gearbeitet, alte Blüten und Unkraut gejätet. Oder es gab Tee und die Teebeutel sind noch vorhanden.

Die Abfallschicht wird anschließend wieder mit Komposterde abgedeckt. Da alles schön feucht sein sollte, bildet die letzte Schicht wieder nasse Zeitungsstücke. Jetzt sollte das Glas voll sein und kann mit dem Feinstrumpf abgedeckt werden. Der Strumpf wird einfach mit einem Gummiband fixiert. Dann heißt es: Geduld haben. Bis neue, nährstoffreiche Erde entsteht, dauert es eine Weile. Nach ca. zwei bis drei Monaten ist von den Abfällen nichts mehr zu sehen. Diese neue Erde können sie gleich gut zum Pflanzen von Senfsamen oder Kresse verwenden.

So erleben die Kinder, wie aus etwas Altem Vergänglichem etwas Neues entstehen kann. Der Kreislauf in der Natur schließt sich.

5. Unterschiedliche Samen sammeln

Im Herbst können Sie in der Natur hervorragend Samen sammeln und diese aussäen. Ziehen Sie mit den Kindern los. Am Feldrand, im Wald, im Garten und im Park können Sie einige Samen entdecken, zum Beispiel: Weizenkörner, Erbsen, Mohnblumen, Sonnenblumen, Eicheln, Kastanien, Bucheckern, Ahornsamen, Zapfen und vieles mehr.

Zusammen mit den Kindern pflanzen Sie die Samen ein und wässern diese regelmäßig. So entstehen viele neue Pflanzen. Im nächsten Frühjahr können Sie die Setzlinge dann ins Freie pflanzen.

6. Samenbomben herstellen

Zutaten:

- 200 g Blumenerde
- 200 g Tonerde
- verschiedene Samen heimischer Pflanzen
- Wasser
- Zeitungspapier

Vermengen Sie die Blumenerde und Tonerde mit den Samen. Fügen Sie nach und nach etwas Wasser hinzu, bis eine klebrige Masse entsteht. Nehmen Sie etwas von dem Samengemisch und formen Sie vorsichtig mit den Fingern eine Kugel. Abschließend legen Sie die Kugel zum Trocknen auf das Zeitungspapier. Fertig ist die Samenbombe. Diese können Sie später überall einpflanzen und sich überraschen lassen, was daraus wächst.

Projektideen: Umgang mit Gefühlen

Trauer ist eines der Gefühle, die uns schwerfallen, auszuhalten. Nehmen Sie doch alle Gefühle mal unter die Lupe und machen Sie mit den Kindern ein Projekt daraus. So lernen sie alle ihre Gefühle erkennen, benennen und akzeptieren. Wer gelernt hat, seine Gefühle anzunehmen, nimmt einen wichtigen Schatz für das weitere Leben mit.

Einige Anregungen, die Sie im Rahmen eines Gefühle-Projekts umsetzen können, finden Sie hier. Außerdem gibt es natürlich auf dem Kinderbuchmarkt inzwischen eine Vielzahl an wunderbaren Büchern zum Thema Gefühle, in Stadtbibliotheken ist dies häufig sogar eine eigene Rubrik, nach der Sie suchen können.

Beim Thema Gefühle bietet es sich außerdem sehr gut an, eine Handpuppe oder eine andere Identifikationsfigur als Leitfigur in dem Projekt zu nutzen. So können Sie über Gefühle sprechen, die nicht konkret eines der Kinder betreffen, und es erleichtert den Kindern das Umgehen und Benennen.

1. Das macht mich traurig, das macht mich glücklich

Ein einfacher Einstieg in das Thema sind Gefühlebilder. Besprechen Sie mit den Kindern unterschiedliche Gefühle. Welche Gefühle Sie hierbei mit aufnehmen, sollten Sie dem Entwicklungsstand der Kinder entsprechend anpassen: Freude, Trauer, Angst und Wut sind ein gutes Viergespann. Manche Kinder sind im Vorschulalter schon sehr differenziert und sprechen auch über Enttäuschung, Aufgeregtsein, Nervosität ….

Lassen Sie die Kinder anschließend zu den einzelnen Gefühlen jeweils ein Bild malen: Was sind es für Dinge, die ihnen Angst machen? Oder was ist es, was sie glücklich macht? Sie können für die Bilder jeweils eine andere Farbe wählen oder mit einem Rahmen das jeweilige Gefühl darstellen: „Das macht mich glücklich“ in ein großes Herz malen lassen und „Das macht mich traurig“ in eine große Träne malen lassen.

2. Gefühlsstation

Wenn Sie die Gefühle grundsätzlich bereits besprochen haben, können Sie mit den Kindern gemeinsam an der Gruppentür oder einer zentralen Wand eine „Gefühlsstation“ aufbauen. Dafür können Sie, gemeinsam mit den Kindern, überlegen, wie Sie die Gefühle symbolisch darstellen, zum Beispiel durch Farben oder Bilder, und diese auf einem stabilen Karton oder Holz anbringen. Dabei finde ich es zum Beispiel schön, die Gefühle in einem Kreis anzuordnen und nicht, wie bei einer Messlatte, von unten nach oben, da diese hierarchische Anordnung suggeriert, dass es eine Abstufung der Gefühle von oben nach unten geben könnte.
Außerdem bekommt jedes Kind eine Wäscheklammer, die mit einem Foto oder seinem Garderobenzeichen markiert wird.

Bei Ankunft in der Kita oder, wenn Sie möchten, im Morgenkreis, hat nun jedes Kind die Möglichkeit, kurz innezuhalten und zu überlegen, wie es sich gerade fühlt, und seine Klammer an die entsprechende Stelle zu hängen. Dies ist selbstverständlich keine Verpflichtung, wenn ein Kind sein Gefühl nicht für alle öffentlich machen möchte, aber meistens nehmen die Kinder das Angebot gern an. Manche Kinder gehen auch im Laufe des Tages erneut zu der Gefühlsstation, weil sie bemerken, dass ihre Stimmung sich geändert hat – vielleicht ist die schlechte Laune des Morgens im Spiel verflogen, vielleicht haben sie sich auch mit ihrem*r Freund*in gestritten und setzen die Klammer nun auf „ärgerlich".

3. Gefühle-Karten zum Umhängen

Eine Variation zu der Gefühlsstation sind Gefühle-Karten zum Umhängen. Damit kann ein Kind sein jeweiliges Gefühl noch stärker zum Ausdruck bringen. Gemeinsam können Sie überlegen, wie die einzelnen Gefühle dargestellt werden können – vielleicht mithilfe von Tieren? Kinder sind da manchmal sehr kreativ, lassen Sie sich hier mehr von den Vorschlägen der Kinder als von Ihren eigenen Vorstellungen lenken. Die Bilder können von den Kindern gemalt oder ausgedruckt und ausgeschnitten werden. Kleben Sie sie anschließend auf Bierdeckel, die Sie an zwei Stellen mit einer Stopfnadel durchbohren und an die Sie einen Faden hängen. Sie sollten für jedes Gefühl auf jeden Fall mehrere Anhänger machen. Wenn Sie diese nun an frei zugänglicher Stelle aufbewahren, können die Kinder selbst darauf zugreifen. Auch wenn es sehr plakativ ist, werden Sie staunen, wie viele Kinder, wenn sie traurig oder wütend sind, gerne darauf zurückgreifen und allen demonstrativ zeigen, wie es ihnen gerade geht.

4. Bildergeschichten Gefühle

Geschichten zum Thema Gefühle gibt es, wie oben bereits erwähnt, viele. Um ins Gespräch zu kommen, ist es sehr schön, Bildergeschichten zu verwenden, die den Kindern ermöglichen, selber in Worte zu fassen, was sie sehen und was sie über die Gefühle der Kinder in den Bildern denken. Es gibt von mehreren Verlagen Bildergeschichten, die sich konkret mit dem Thema Gefühle auseinandersetzen und dafür besonders geeignet sind. Sie können auch einzelne Bilder mit deutlich dargestellten Gefühlen auswählen und diese groß ausdrucken und in der Gruppe zeigen: Wie fühlt dieses Mädchen sich? Was könnte es denken? Was könnte passiert sein? So können ganze Geschichten entstehen und die Kinder können gut eigene Erfahrungen mit Gefühlen unterbringen, ohne über ihre eigenen Gefühle sprechen zu müssen – obwohl auch das häufig passiert: „Vielleicht ist das Mädchen traurig, weil sein Hase gestorben ist. Das war bei mir so, als mein Hase gestorben ist, da habe ich auch geweint."

5. Das hilft mir, wenn es mir nicht gut geht

Nach dem Erkennen und Annehmen von Gefühlen steht natürlich auch noch der Umgang mit den entsprechenden Gefühlen aus. Manchmal brauchen wir Strategien, um unsere überstarken Gefühle kontrollieren zu können. Wenn Sie dies mit den Kindern besprechen, nehmen Sie sich nur ein Gefühl nach dem anderen vor, sonst ist es für die Kinder zu schwierig. Sie können gemeinsam erst einmal sammeln, welche Strategien sie alle bereits kennen – denn auch wenn Kinder diese nicht so nennen, haben sie durchaus bereits von klein auf Strategien für den Umgang mit ihren Gefühlen entwickelt. Nennen Sie ein paar Beispiele, um den Kindern auf die Sprünge zu helfen:

- Kuscheltier/Kuscheldecke
- sich von jemandem trösten lassen
- sich ablenken (womit?)
- weinen
- singen
- darüber reden/jemandem davon erzählen
- allein sein
- nicht allein sein

Machen Sie den Kindern klar, dass nicht für jede*n die gleichen Strategien gelten und dass es keine richtigen oder falschen Antworten gibt.

6. Kraftschätze gestalten

Überlegen Sie gemeinsam mit den Kindern, welche Gegenstände sie daran erinnern können, was ihnen hilft, wenn es ihnen nicht gut geht – vielleicht kann ein Spielzeuglöwe sie daran erinnern, dass sie mutig sein können. Ein Foto der Mutter kann sie vielleicht bei Traurigkeit trösten oder ein Halbedelstein sie als kleiner Glücksbringer wieder beruhigen. Lassen Sie jedes Kind ein eigenes kleines Kistchen mit seinen eigenen Kraftschätzen gestalten. Eine andere Variante ist eine gemeinsame Kraftschatzkiste für die gesamte Gruppe: Sie können lauter verschiedene Dinge sammeln und jede*r hat darauf jederzeit Zugriff. Ein besonders schöner Effekt hierbei ist, dass Kinder manchmal nun auch überlegen, welche Strategien für andere Kinder hilfreich sein können: „Mohammed ist so sauer, weil Marie seinen Turm kaputt gemacht hat, vielleicht kann ich ihm den Wutball bringen, der ihn ein bisschen beruhigt."

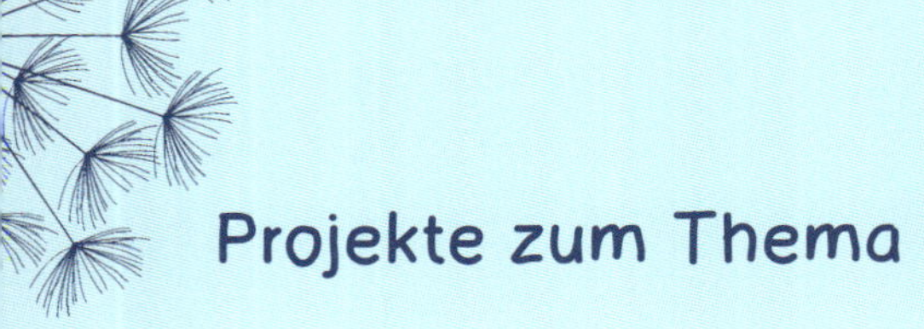

Projektideen: Tod im Tierreich

Für viele Kinder bietet das Tierreich die ersten Berührungspunkte mit dem Thema Sterben und Tod – entweder sie erleben den Tod eines Haustieres oder sie entdecken zumindest, dass ein zusammengequetschter Marienkäfer nicht mehr weiterkrabbeln kann. Auch eine zufällig beobachtete Situation, wie zum Beispiel eine Katze, die eine Maus frisst, kann recht eindrucksvoll hängen bleiben. Kinder versuchen oft, dies einzuordnen, indem sie überlegen, ob das fressende Tier „böse" und das gefressene Tier „lieb" ist.

In einem solchen Projekt können Sie dem Tod und zum Beispiel der natürlichen Nahrungskette nachgehen, indem Sie zum Beispiel fleischfressende Tiere und Pflanzen beobachten. Hier finden Sie ein paar Ideen, wie Sie sich dem Thema nähern können:

1. Fleischfressende Tiere im Zoo

Schauen Sie sich mit den Kindern Bücher über fleischfressende Tiere an. Wenn Sie die Kinder danach fragen, werden Sie vermutlich zunächst Löwen und ähnliche Raubtiere nennen. Sind die Tiere böse, weil sie andere Tiere fressen? Sie wollen doch auch überleben? Planen Sie mit den Kindern einen Ausflug in den Zoo, in den meisten Zoos ist es möglich, Führungen zu buchen, bei denen Sie bei der Raubtierfütterung zusehen dürfen. Dies ist für die Kinder ein spannendes Erlebnis und meist können die Tierpfleger*innen viel Wissenswertes berichten und anschaulich erklären.

2. Spuren vom Fressen und Gefressen-Werden

Es gibt nicht nur exotische Raubtiere, sondern auch Raubtiere bei uns im heimischen Wald. Sprechen Sie mit den Kindern auch über europäische Tiere. An Eulen zum Beispiel denkt man vielleicht bei Fleischfressern nicht als Erstes. Aber vielleicht haben die Kinder schon mal gesehen, wie die Nachbarskatze einem Vogel auflauert? Und natürlich ist es traurig, wenn Rehe gerissen werden, weil sie so niedlich aussehen – aber wussten Sie, dass es von manchen Tieren schnell zu viele gibt, wenn die natürlichen Fressfeinde fehlen? Manchmal finden sich Spuren im Wald: Man findet Gewölle von Eulen, Federn, wo ein Tier gerupft wurde, oder ein paar Knochen. Je nachdem, wie städtisch oder ländlich Sie sich befinden, wird dies leichter oder schwieriger sein. Eine Kita-Gruppe hat einmal einen ganzen Wildschweinkiefer gefunden. Eine tolle Trophäe! Sie müssen nicht alles einsammeln, wenn Sie nicht möchten, aber wenn Sie es tun, achten Sie besonders auf die Hygiene. Sie können sonst auch einfach Fotos machen und diese ausstellen.

Im Gewölle von Eulen lassen sich manchmal noch kleine Knochen entdecken.

3. Ausflug zum*zur Förster*in oder ins Naturkundemuseum

Naturkundemuseen und auch Förster*innen können tolle Ausflüge für die Kinder sein, um das Thema zu vertiefen. Sie können über die Fressfeinde heimischer Tiere berichten und sind meistens sehr aufgeschlossen, wenn man ihnen erzählt, womit man sich gerade mit den Kindern befasst. Häufig haben sie Exponate zur Hand, die Sie den Kindern sonst niemals in echt zeigen könnten. Neben einem Ausflug in den Zoo ist dies noch mal ein ganz anderes Erleben, da heimische Tiere nun doch näher an der direkten Lebenswelt der Kinder sind. Raubtiere sind keine rein exotische Angelegenheit.

4. Nahrungskette

Bauen Sie eine Nahrungskette nach! Sprechen Sie mit den Kindern darüber, wer was und wen frisst. Wenn ein Vogel einen Wurm frisst – von wem könnte der Vogel wohl gefressen werden? Nehmen Sie Spielfiguren der Kinder, um nachzustellen, wie es zusammenhängt. Dabei kann die Kette auch immer wieder geändert werden – entweder wird der Vogel von der Katze gefressen oder vielleicht von einem Raubvogel? Auch interessant: Wo kommt der Mensch ins Spiel? Haben die Kinder schon überfahrene Tiere auf der Straße gesehen? Oder was ist mit dem Fleisch, das wir Menschen essen? Gibt es Familien, die sich vegetarisch ernähren? Vielleicht können die Kinder dazu etwas berichten. Und wie ist das beim Fleischessen? Ist es „besser“ oder „schlechter“, wenn man Wildtiere isst, weil diese wenigstens nicht in Gefangenschaft gelebt haben?

5. Fleischfressende Pflanzen

Zugegebenermaßen sind sie selten, aber es gibt sie: fleischfressende Pflanzen. Kinder finden das unheimlich faszinierend und eine fleischfressende Pflanze auf der Fensterbank kann über lange Zeit eine spannende Beobachtungsstation sein. Denken Sie unbedingt daran, den Kindern früh die Ängste zu nehmen – viele denken doch zunächst bei dem Wort, dass die Pflanze einem die Finger abbeißen könnte. Die meisten fleischfressenden Pflanzen brauchen eine hohe Luftfeuchtigkeit, es ist also am einfachsten, wenn Sie ein Terrarium haben, in das Sie sie stellen können. Vielleicht hat unter den Eltern jemand eines, das Sie für eine Weile ausleihen können? Es ist auf jeden Fall nicht ganz einfach und Sie sollten sich unbedingt vorher genau anschauen, was die Pflanzen brauchen. Wenn Sie sich weniger aufwändig mit den fleischfressenden Pflanzen auseinandersetzen möchten, können Sie mit den Kindern auch lustige, fleischfressende Pflanzen basteln, dies geht zum Beispiel mit Walnussschalen und Pfeifenputzern.

6. Insektenfriedhof anlegen

Die meisten Kinder haben schon ein totes Insekt gesehen. Im Park, im Garten, am See, im Wald – es gibt viele Plätze, wo wir auf einen toten Käfer, eine tote Fliege oder andere verstorbene Insekten treffen können. Hier werden auch die ersten sachlichen Feststellungen in Zusammenhang mit dem Tod gemacht. Jan (4 Jahre) erklärte einem kleineren Kind in der Kita: „Der Marienkäfer ist tot. Der kann nicht mehr krabbeln und fliegen wird der auch nicht mehr. Den können wir wegmachen."

Ein zweites Erlebnis war, wie wir auf einem Spaziergang einen toten, ausgetrockneten Regenwurm gefunden haben. Marie (6 Jahre) erklärte uns sofort: „Der Regenwurm ist gestorben. Vielleicht war er krank oder so. Ein anderes Tier war es nicht, weil der Wurm noch heile ist. Aber Tote können nicht essen und trinken, darum ist er platt und dünn. Er ist ausgetrocknet."

Als ich merkte, dass das Interesse an den verstorbenen Insekten stieg, wollte ich das Thema etwas mehr aufgreifen und vertiefen und legte mit den Kindern einen Insektenfriedhof an. Wir suchten eine ruhige Ecke im Garten aus, bauten aus Holz, Nägeln und mit dem Hammer einen Zaun, der den Friedhof eingrenzte. Das Brett bemalten wir und schrieben den Namen unseres Friedhofes darauf. Die Kinder nannten ihn „Käfer-Grabplatz". Es wurden kleine Gräber angelegt, in denen die Insekten mit einer kleinen Zeremonie beerdigt wurden.
Jeder sagte etwas zum Leben des jeweiligen Insektes oder was es ihm wünscht. Erst dann wurde es sacht beerdigt. Jedes Grab erhielt auch einen individuellen Grabstein. Dieses Projekt zog sich über einige Jahre durch die gesamte Kita. Es war sehr schön, zu sehen, wie der Friedhof auch für die Kinder ein Ort der Begegnung und Ruhe wurde. Einige legten dort Blumen nieder, andere schauten sich neugierig die Grabsteine an.